日本财阀的经营之道

诞生、泡沫时代、今日

[日] 武藤泰明 著
刘善钰 骆梓奇 译

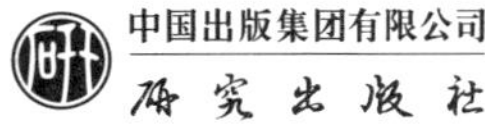

图书在版编目 (CIP) 数据

日本财阀的经营之道：诞生、泡沫时代、今日 / (日) 武藤泰明著；
刘善钰，骆梓奇译. -- 北京：研究出版社，2025. 7.
ISBN 978-7-5199-1769-2
Ⅰ. F279.313.9
中国国家版本馆CIP数据核字第20244PL622号

出 品 人：陈建军
出版统筹：丁　波
责任编辑：戴云波　张　璐

日本财阀的经营之道：诞生、泡沫时代、今日
RIBEN CAIFA DE JINGYINGZHIDAO DANSHENG PAOMO SHIDAI JINRI
[日]武藤泰明　著　刘善钰　骆梓奇　译
研究出版社 出版发行
（100006　北京市东城区灯市口大街100号华腾商务楼）
北京汇瑞嘉合文化发展有限公司　新华书店经销
2025年7月第1版　2025年7月第1次印刷
开本：787毫米×1092毫米　1/32　印张：11.5
字数：210千字
ISBN 978-7-5199-1769-2　定价：75.00元
电话（010）64217619　64217652（发行部）

目录 CONTENTS

序　日本企业讨厌竞争？ 001

第一章
前史 从江户时代到明治维新

1. 大阪商人（堺商人）的海外交易 029
2. 江户时代商业发展的原因 031
3. 三井始于江户时代初期 035
4. 住友的诞生及其业务拓展 044
5. 江户时代商人的兴衰 046
6. 重要的岔道
——百货公司分为吴服商系和电铁系的原因 056
7. 幕末的动乱 060
8. 幕末至明治初期的经营者与企业概述 078
9. 明治时代的三井危机和三野村解决危机 085
10. 三菱是新兴势力 090

第二章
19 世纪末的工业组织和业务拓展

1. 国营企业的出售和财阀的集团化 111
2. 三大财阀成立银行的差异 124
3. 三井的多元化和财阀的“范围” 127

第三章 变革与发展的时代

1. 日本崛起为强国 144
2. 日本也陷入了恐慌 151
3. 股市的诞生与演变 153
4. 当时的银行业 160
5.1890 年的恐慌 175
6. 企业的复兴时代 178
7. 非相关多元化的合理性 185
8. 住友的业务拓展 193
9. 三井成为最大财阀的过程 206
10. 三菱与岩崎家的业务拓展 217
11. 论点总结 226

第四章 恐慌与三大财阀的发展

1. 经济持续衰退 233
2.1920 年经济萧条的多米诺骨牌效应与企业向三大财阀的集中 240
3. 从卡特尔到战时体制 247
4. 财阀开始公开募股——以三井为例 255
5. 像幕末的富商一样被国家剥夺财产 268

第五章 财阀解体与长期成长

1. 财阀是如何解体的 274
2. 从财阀到企业集团 284
3. 三大财阀与银行系统的逻辑差异 303
4. 经济高度增长期 310

第六章 从泡沫经济崩溃到企业重组

1. 金融机构先于商业公司破产 322
2. 一个行业中六家公司是否太多 328
3. 现代的大型企业 331
4. 迈向能力转移时代 340
5. 解除交叉持股与资本市场转型 344
6. 结语 350

参考文献 353

序　日本企业讨厌竞争？

1. 战略论的“形式”

较之经济学，管理学有一些棘手的问题。管理学没有标准的教科书。当然，在街边书店或者购物网站亚马逊上都可以找到与管理学有关的书籍，但其中内容却大相径庭。假设诸位的主业并非在大学内教授管理学，此时若有人请您担任管理学的兼职讲师，那么您手头拿到的那本名为《管理学》的书将直接影响您的讲课内容。

与此相比，经济学就更为体系化。首先分为宏观经济学和微观经济学，尽管对于是否采用博弈论以及如何对待金融相关问题等方面存在着某些差异，但其基本框架已经建立，只需安心授课便可。因此，很少出现不同大学或不同教师授课的内容不一致。

明茨伯格的“十大学派”

正如前文所述，管理学处于这样一种未经整合的状态。

那么，管理学的“子集”——战略论又如何呢？同样，战略论也没有一个明确的框架，各学派百家争鸣。亨利·明茨伯格作为管理学巨匠之一，在其著作《战略历程》中明确展现出了这种“未经整合”的状态，同时也对主流的“学派”进行了说明。书名“历程”二字表明他以观察野生动物的方式来观察和探讨这些学派。亨利·明茨伯格称之为“学派”而非“流派”。具体而言分为：设计学派、计划学派、定位学派、企业家学派、认识学派、学习学派、权利学派、文化学派、环境学派和结构学派。

也许有些概念仅从名字上看很难把握，但我们可以进行猜测，比如“定位学派”是关于迈克尔·波特[1]的。也就是说，通过这本书我们可以了解到，波特的内容以及理论框架是数个战略理论的其中之一。在了解各学派的同时，抑或说在此之上更为重要的是对其进行“相对化”（即加以区分）。总的来说，无论是管理学还是战略论，都没有一个绝对权威的版本，都是多极并存的领域。

此外，明茨伯格直接或间接（即通过管理咨询师和管理学者的著作等）地收集了企业行为，并将其整理成各学派。然而，这10个学派并不能囊括所有，毕竟人类有其局限性。

[1] 迈克尔·波特为美国经济学家，全球管理学界的权威。——译者注

此外，实施管理的企业一直在不断发展，新事物在不断涌现。管理和战略领域的创新通常来自企业而并非学者，也许在不远的将来，还会出现第 11 个、第 12 个学派；《战略历程》这本书中也有可能会加入类似“脑科学学派”“复杂学学派”等新学派。

管理学的“地域性”

虽然正如前文所述，即便是明茨伯格也无法掌握所有的企业管理行为，但无疑他所了解的已经算相当多了。包括笔者在内，管理学学者和管理学理论家通常都在更小的范围内进行案例的收集和思考。例如“国家”或“语言”便是将这个“范围”缩小的限制因素。而日本人之所以如此了解美国企业，也得益于英文书籍的翻译和日本报纸上的相关报道。

因此，即便我们很了解 GAFA[1]，但也许很少有人知道在加拿大，亚马逊的竞争对手 Shopify[2] 取得了该国的最高市值（截至本书撰写时）。换个例子，一提到美国的超市，人们一般会想到沃尔玛。可以说，所有日本人都知道它是全球最大的零售业公司（当然是指商业人士）。但当提到

[1] GAFA：Google 谷歌（控股公司 Alphabet）、Apple 苹果、Facebook 脸书（现在的公司叫 Meta）和 Amazon 亚马逊的合称。

[2] Shopify：2004 年成立的电商平台公司，与亚马逊从事同一行业。总部设在了加拿大，覆盖 175 个国家，合作伙伴（包括个人）超 175 万家，年销售额达 2000 亿美元（合 22 万亿日元）。

在美国员工满意度很高，同时在招聘排行榜名列前茅的超市 Wegmans[1] 时，日本的零售业从业者就不了解了。

人无法对自己不了解的公司进行观察或思考，因此，管理学是一种具有地域性的学科——即区域研究的角色，研究对象为本国的企业。

文化人类学将欧洲从“世界”降级为“地区”

也许，这是一种存在于经济学等社会科学中的特性。因此，才有了克洛德·列维－斯特劳斯，才有了其代表作之一《忧郁的热带》[2]。这本著作尽管书名像文学作品，却被誉为结构主义文化人类学的金字塔。文化人类学通过展示非西方文化的行为方式以及思考方式，使得以西方为中心的“世界”和“地区”成为相对的概念。正如迈克尔·波特的理论只是诸多战略论之一，西方的“世界”其实也只是世界的一部分。

有了卓越的企业，学术就会发展

扯到文化人类学中就有些跑题了。换个例子，在东京

[1] Wegmans：1916 年成立的连锁超市，总部在纽约州，在美国东海岸持有店铺约 80 家，销售额约 6000 亿日元，被评为美国超市中生鲜品类质量之最。

[2] 克洛德·列维－斯特劳斯，Claude Levi-Strauss（1908 年至 2009 年）。犹太裔法国人，逃亡到美国，“二战”后回到法国，在法国国立高等学院（Collège de France）设立社会人类学讲座。他不仅是人类学家，还是结构主义的奠基人之一。——译者注

大学有一个“经营制造研究中心”，其第一任主任是经济学院的教授藤本隆宏先生（目前藤本教授是笔者在早稻田大学的同事），从三菱综合研究所时期就开始研究以汽车为中心的生产管理（在研究所时藤本教授也和笔者是同事，但没有一起工作过）。

为什么日本能够在这一领域的研究上大有建树呢？笔者认为，可以用一句话简单总结——因为有丰田。然而在金融机构管理和金融理论领域中，日本尚未孕育出世界级的著作和学术成就。日本虽然有着出色的银行，但其业务被诸多的规则所束缚，一直（应该说直到现在依旧）自由度较低，难以创新。

相反的是，美国的投资银行的收益变动就如同坐过山车一般。彼得·德鲁克说，从长期来看，美国的投资银行并没有实现收益的增长。但在景气时它的表现非常出色，能够诞生出新的金融产品和企业融资手段。在这样的国家，金融理论的发展更为迅猛，换句话说，在有卓越企业的国家，学问更能够取得发展。

美国以外的国家诞生了优秀企业

如前文所述，不同国家的管理学学者观察的企业是不同的。在有卓越企业的国家中，与这些企业赋有的工业的相关研究也会取得进展。因此直到1980年左右，管理学都一直是以美国企业为中心的管理学，直至列维－斯特劳斯横空出世。汤姆·彼得斯[1]的《追求卓越·探索企业成功的特质》一书有意将美国以外的卓越企业纳入视野。从那时起，潮流或者说时代开始发生变化了。

再或者，《逆向创新》（*Reverse Innovation*）一书介绍了针对新兴国家开发的产品被“原封不动”地引入先进国家并取得成功的例子。这是十分了不起的发现，举几个逆向创新的例子。

沃尔玛：沃尔玛在南美国家推出小型店铺，并将其业态引入美国。

佳得乐：佳得乐在尚未完善自来水供应的国家的医院里提供水分补给，这在美国也流行开来。

通用电气：通用电气（中国）推出便捷式超声诊断仪并取得成功，最后在美国的急救医疗中被采用。

以上是美国企业在国外创新，并将其回馈到美国的例子。与此相对：印度马恒达财阀的拖拉机在加拿大广受好评，购买的都是普通家庭（当然他们都有很大的院子）。

这是新兴国家企业通过新兴国家概念产品在美国市场取得成功的例子。这些案例有一个明显的新颖之处，即它并不是由先进国家完成的。

不过，日本或许是一个逆向创新的宝藏国家。《逆向创新》的两位作者是美国达特茅斯学院的学者，可能不了

[1] 汤姆·彼得斯（Thomas J.Peters）：美国管理学顾问，代表作《追求卓越·探索企业成功的特质》是在他任职于麦肯锡咨询公司时完成的。

解日本曾是新兴国家。对此，笔者举两个例子来进行说明。

现在，美国最大的连锁便利店是 7-11，但其店铺数量仅有约 9000 家。此外，美国 7-11 销售额的半数以上来自汽油销售。这是由于在美国，便利店通常和加油站开在一起。

总的来说，并不是美国南方公司[1]将成功的业态引入了日本，而是基本上由日本独创了新的业态。在这种业态下，日本的 7-11 店铺数量达 2 万家。而在海外的 5 万家中，美国的约 9000 家是按照美国模式，其余地区的 4 万多家几乎全部参照的是日本模式。这是一个很奇怪的案例，虽然其取得了成功，但并未在国际上获得认可。

话题

宝矿力水特的热饮

佳得乐饮料一直以来都是美国钢铁厂的必备饮料，适用于高温作业人员。除钢铁厂外，也适合脱水症的人群饮用。也就是说，佳得乐虽然作为一个

[1] 1946 年，美国南方公司将便利店营业时间改为早上 7 点到晚上 11 点，由此诞生了 7-11，后向日本授权 7-11 经营。——译者注

运动品牌，其定位是运动饮料，但早期的实际用途并非如此。

宝矿力水特是在1980年推出的，我在这一年入职了三菱综合研究所。大冢制药就位于当时工作地点大手町附近的神田。我至今仍清楚地记得那天被三菱综合研究所的经理办公室主任带去大冢制药的经历。我们在接待处登记后，就坐在配有桌子的座位处等待，茶水很快被端了上来。当时的茶杯是带有茶托的非常正式的茶杯，但茶水是透明的，我喝了一口发现实在是难喝。

不久，对方负责人来了。

经理办公室主任问道："这是什么啊？"

负责人回答道："这是宝矿力水特，我们把它热了一下。"

回公司的路上，我说感觉自己被灌下了奇奇怪怪的东西。主任告诉我，大冢制药是医用静脉注射液溶剂的主要供应商。所谓溶剂，便是与药物混合之前的类似"生理盐水"一样的产品。宝矿力水特就是由类似的原料制作而成的。之后宝矿力水特被添加上不同口味并作为运动饮料（科学上是合理的）进行销售，但也许是因为产品太过超前，销量并不可观。这就是我被迫参与新品试饮的经历。

新兴国家日本的汽车与 Super Cub[1]

笔者认为还有比便利店更具有逆向创新特征的业务，其中排名首位的是汽车行业。昭和四十一年（1966 年），丰田卡罗拉和日产 Sunny 这两款排量为 1000cc 的汽车上市，但当时从日本出口到美国且卖得火爆的，却是日本 3 号车牌[2]对应的 2000cc 的汽车。在美国，排量 2000cc 的汽车属于紧凑型车。这在理论上是一种典型的逆向创新。

更具有说服力的例子是本田。本田之前向美国出口的是大型摩托车，但很容易出故障。据说这是因为美国人骑大型摩托车的里程数非常高。然而，当时丰田在美国工作的日本员工骑的是 Super Cub，结果这款摩托车反而变得非常受欢迎。

1963 年的经典广告“好人开本田”（You Meet The Nicest People On A Honda）一直被收录在营销教科书中。该广告中的白人，有男有女，有父母有子女，两人不戴头盔（当时的规定允许不戴），骑着 Super Cub，这完全就是中产阶级以上的形象。这则广告完全打破了此前大众对于大型摩托车用户的刻板印象——骑手都是披着黑色无袖夹克，用头巾束住长发的硬汉。这可谓一种蓝海战略。

[1] 本田的一款摩托车型号，广受欢迎，造型温顺，在中国一般称其为“小绵羊”。——译者注

[2] 3 号车牌指日本车辆的车牌号码。日本车辆车牌通常分为“轻型车”“普通车”和“大型车”三个类别，3 号车牌对应“普通车”，一般指乘坐人数 10 人以下的车辆。——译者注

顺便一提，当时波士顿咨询公司将本田的这一拓展分析为事先计划好的战略性举措，但事实上并非如此，这只是一个巧合。

企业领先于学者

正如前文所述，管理学和战略理论非常多样化，同时具有区域性，没有形成一种共通的理论。究其原因，各国都有其卓越的企业，它们创造出新的管理方法和战略并取得了成功，当然，其中也有运气的成分。

那么像笔者这样专门从事管理学和管理理论研究的学者都在干什么呢？可能只是在收集成功案例（有时也包括失败案例），并整理研究。自省地说，的确就是这样一种工作，正因为如此，它才具有实际意义。这并不是空洞的理论，也不是象牙塔里的幻想。

经济学上有一个“理论”叫“理性人假设”，虽然这个理论可以说现在已经不太流行了，但在本科教育中仍在教。这个“理性人假设”具体是什么意思呢？正如其字面意义，是指假设人的期待是合乎理性的。它用于解释一种涉及个人行动的经济现象，比如假设人们认为未来将发生通货膨胀，那么根据这一假设，人们就会认为自己手中的钱会贬值，所以会尽快把钱花掉。当然，人类并没有那么理性，这在日常生活和文学作品中都能看到。然而，经济学却往往喜欢提出一些不切实际的假设。幸运的是，在管理学的领域中，学者不可能歪曲解读企业，所以这种事绝对不会发生——这么说也许过于武断,但可以说很少发生。

因国而异的企业行为原则

因此，我们其实并不了解他国企业的情况。即便有着丰富的信息，同行的外国企业与日本企业的行为原则也是不同的。虽然股份公司这种“上层建筑”在先进国家中几乎都是同质的（否则不会成为机构投资者的国际分散投资的目标），但其会因所依附抑或说所扎根的国家的土壤不同而展现出不同的动向。

像是“日本企业如何如何”或“美国企业如何如何”之类的“一概而论”的说法，笔者认为不太可信。那么有没有所谓的典型美国人呢？笔者认为也没有。但可以肯定的是，日本企业与美国企业相比，无论是不同公司之间还是不同行业之间，其行为与行为原则都有相当大的差异。

本书涵盖了从江户时代末期至今的日本企业的经营历史，不过这并不是枯燥地解释历史，而是将其当成“低音伴奏”的背景音乐，以思考日本企业独特的竞争方式为共同切入点，去观察这 150 年左右的历史。

尽管如此,这也并不是类似“公司之间的激烈竞争”“谁胜出了”之类的故事。如果要提前“透露”结论,那就是——日本企业似乎没有竞争。本书将追溯这种“没有竞争”的状态之成因。

当然，也许有些人会认为自己每天都在经历激烈的竞争。

确实，有些商业人士或者考生的确过着紧张的生活，但他们所认为的竞争在事实上可能并非真正的竞争。那若非竞争又是什么呢？是锻炼、是训练，还是练习之类的东西呢？若是如此的话，日本人的努力又与竞争之间有何区别呢？抑或说与美国企业的竞争有何区别呢？这其中原因又是否能够从过去中追溯到呢……

为什么要纠结于这个问题？是因为想要从“竞争战略”这个舶来语中获得一定的自由度。这样写，可能会让人误以为“笔者认为日式的管理和战略风格更优越”。事实并非如此，如前文所述，管理具有区域性，日本有自己的管理和战略风格，无法断言和欧美孰优孰劣。

当然，笔者也不认为日本企业应该满足于现状。那些聘请外国总裁的企业，比如过去的日本板硝子，或者现在的武田制药，显然意识到了仅靠日本式的战略和思维无法在全球市场上立足。但这是他们主动进行的改变，还是被动应变？本书将通过回顾历史来思考这个问题。观察那些在竞争中幸存下来的企业，会发现大多数是100多年前的财阀企业（当然最近也有不少新兴企业）。有关财阀的出色研究已不胜枚举，本书将以这些研究为基础，探究那些幸存下来的财阀企业。

2. 竞争的多样性

经济学是如何定性企业间的竞争呢？简单来说，经济学认为竞争是一件好事。企业在竞争中，会降低产品价格，提高产品性能，这样一来，消费者便得到实惠。这被称为“消费者利益”。与这种“有竞争”的状态相对的是垄断。在日本，由日本公正交易委员会[1]对企业是否处于正常竞争进行监督。

竞争的目的是没有竞争

那么，对于企业而言，何谓竞争呢？如果说为何要竞争，可以说是因为“在竞争中取胜”能“创造更多利润”。换句话说，竞争不是目的，而是提高利润的手段。如果以提高利润为目的，那么上述提及的垄断——即没有竞争的状态将是理想的情况。也就是说，企业是为了“没有竞争”而去竞争的。

这听起来也许有点像禅宗问答，但这是必须明确指出的重要观点，否则就容易陷入像后文将提到的“手段变为目的”的误区。许多企业在竞争的过程中忘记了利润这个目的，错将竞争优势当作目的，这是很常见的现象。

许多情况下，战争的目的是和平。当然有些情况下，

[1] 日本公正交易委员会：成立于1947年，主要负责监管并执行同年颁布的《关于禁止私人垄断和确保公正交易的法律》，其主要业务包括违规审查等。

其目的并非和平，而是统治，即便如此，追求一个没有冲突的状态也是其目标。相反，一心想要发动战争的人可能并不多，他们通常试图以和平的方式，也就是非武装和非暴力的方式去追求和平。这意味着战争手段有时并非第一选项。

回避竞争的若干办法

那么，企业是否也可以在“非武装、非暴力”的情况下，即不通过竞争来实现利润的增长呢？除了借助国家政策实现垄断的企业外，笔者认为还有一些其他的可能性。

第一种是卡特尔[1]。多个企业通过所谓“商议”以维持价格，确保销售地区不重叠（从而避免竞争）。多个企业协调行动，就如同一个企业一样。简而言之，这就有了“由多个企业进行的近似垄断的行为”的嫌疑。因此，除了经济低迷的情况下，一般是不被允许的。

第二种是利基。在特定的市场中，利用优越的经营资源，推出“精品”以提高利润。举一款跑车的例子。因为有对兰博基尼购买需求的人存在，于是，兰博基尼便发行了。其销售价格平均为3000多万日元，年销售量8000辆，通过计算年销售额约为2500亿日元。但这是按零售价格计算的，按公司的出厂价格销售额为2000亿日元，还不及大众或丰田的1%。综上，利基属于“下位市场”，即规模

[1] 卡特尔：指多个企业为了避免竞争而达成的关于价格、生产等的协议。这被认为侵犯了消费者利益，所以原则上被禁止。

很小的市场。

第三种是蓝海战略。有本叫这个名字的世界级畅销书。不幸的是，该书中特别著名的成功案例之一——太阳剧团[1]，在新冠疫情肆虐时，因为无法进行表演而破产。“蓝海”指的是“没有竞争的市场”，其反义词是“红海”。

用一句话来总结本书的主张，那就是创造一个无须竞争的商业模式。在太阳剧团中，去掉了马戏表演中三个高成本要素——用来表演杂技的动物、小丑和空中表演。将扮演小丑和进行空中表演的明星换成“无名的表演者”团队，在节约成本上取得了意想不到的效果。虽然没了动物和小丑，可能让小朋友失望，但实际上这么做之后更加卖座了。

第四种是收购。美国通用汽车曾不顾舆论强行收购有轨电车公司，其目的并非经营，而是使其停业。这样一来，居民便无法乘坐有轨电车，只能改乘公共汽车。通过这种方式，通用汽车公司公共汽车的销量就增加了。

再举一个最近的案例，脸书（Facebook，2021 年更名为 Meta）收购了 Instagram。此次收购的目的就是避免与 Instagram 竞争。

从这些例子中可以看出，如果将营利当作目的，即便有竞争对手的存在，也可以选择不与之正面冲突的竞争方

[1] 太阳剧团：Cirque du Soleil，加拿大马戏团，因位于魁北克省，故剧团名为法文，成立于 1984 年。该公司名称直译过来就是“太阳马戏团”。受新冠疫情的影响于 2020 年破产。

式，换句话说，可以选择不需要竞争策略的行动。当然，卡特尔并非好的做法。即便如此，我们还是有必要思考是否还有其他的可能性。

话题

没有明星的日本剧团是？

最近的日语很少出现“二枚目”和“三枚目”这两个词。“二枚目”用现在的话说叫帅哥，“三枚目”则是搞笑的人。两者都是戏剧词汇，姓名标号的顺序是先二枚目后三枚目。“一枚目”这个词指的是主演，也不太常用。在电视上，当看完一集电视剧，这个“一二三”的顺序就跟演员姓名表从下往上或者从右往左流动的顺序相同。

就如同马戏团中会有动物跟小丑一样，戏剧中通常都有这样的明星。举个例子，有一位在剧团表演中饰演男性角色的演员叫梅泽富美男，从前一直扮演着三枚目甚至排名更低的不太重要的角色。但在之后的“歌谣秀”当中，他反串女性角色，并以歌唱走红。尽管这是一种“特殊表演”，但吸引了大量观众。此外，除了著名的男演员和女演员，经常还有新晋的年轻演员或偶像参与剧团演出，这也是为了吸引更多的观众。

在日本，也有一些剧团拒绝“明星主义”，比如四季剧团。在这个剧团，即使表演中的猫也比出演的演员更加出名。正因如此，四季剧团才能保持低廉的成本，得以持续至今，这一点和太阳剧团是一样的。

竞争具有暴力性吗？

那么，如果将上述的例子认定为“非武装、非暴力”的事例，那实际上的企业竞争是不是一场充满暴力的斗争呢？如果企业的目标是击败竞争对手的话，看上去就很暴力，但实际上却不然。

打一个不太恰当的比方，不少国家都持有核武器，但他们并不使用。因为各国认为使用核武器会招致报复性打击，所以都不敢轻举妄动，由此实现了“非武装、非暴力”的状态。这可能是一个非常危险的状态，但实际上正是通过这种方式维持了和平。而暴力状态——也就是战争，是使用核武器以外的武器进行的。拥核国之间不会发生战争。

企业为了击败竞争对手而采取的行动，简而言之是功能战略。也就是说，提高产品或服务的质量，降低价格，缩短交货时间，增加品种，降低成本，等等。通过仔细观察这些活动，我们可以发现参与其中的人们在执行这些活动时，并没有意识到他们正在为了在竞争中胜出而努力。

两种竞争

由上可知，竞争似乎有两种。例如，田径比赛中的100米跑是一场计时比赛，重要的不是竞争对手，而是自己能跑多快。然而在接近终点线时，需要将头部或胸部稍稍前倾以争取胜利。这不是赛跑，而是一种与自己的竞争。有望夺冠的优秀选手会如何做呢？在预选赛中，他们会进入竞争模式，这时候并不以打破世界纪录为目的，往往在最后稍微放慢速度，只要赢得预赛，能进入半决赛就可以了。

另外，高尔夫锦标赛（除比洞赛[1]外）也很相似。运动员会努力缩小比分，但如果最后一组的两名选手在最后一球遥遥领先其他选手，他们接下来就会像对待比洞赛或加时赛一样了。如果对手的开球打进树林里，自己就会采取保守策略；而如果对手的推杆离旗杆很近，他们就可能会冒一些险，把球推到能一杆进洞的范围内。

相反，对抗性的比赛则时刻处于竞争模式。然而，训练时也并非总是如此。例如，为了舒展身体柔韧性或者增加肌肉量，会设定相关数值目标来进行训练。

[1] 比洞赛（match-play），高尔夫球赛的一种赛制。相对于“比杆赛”（stroke-play）而言，已不再为大多数重要赛事使用。——译者注

3. 日本企业都在“拼命”

至此，行文中已经讨论了关于竞争类型和竞争回避的各种问题。为什么要进行这些讨论呢？——正如前文所述，本书认为：

· 日本企业没有竞争。那他们在干什么呢？

· 日本企业在“拼命”。

为什么这么拼命呢？原因在于要降本提质，也就是功能战略。换句话说，企业并不一定将产生利润作为目标。因此，即便生产出了好的产品，也不一定能获得很大的利润。由于有很多家企业都可以生产类似的产品，各家企业都在拼命，导致虽然行业水平得到提升，但企业间始终无法拉开差距。因此，只能陷入价格竞争，大家的利润都没有提高。

日本企业的战略不是优势战略而是生存战略

此外，尤其在过去，股东并不对企业多加干涉。因此，尽管业务的利润水平较低，公司并不会放弃该业务。如果日本企业管理者遵循前通用电气首席执行官杰克·韦尔奇的策略——全球排名前三开外的业务就砍掉，那么应该会导致：

· 公司数量减少；

· 剩下的公司壮大；

· 剩下的公司盈利率提高。

但日本并非如此。日本企业每天都在“红海”之中拼命，竞争几乎永不停歇，并且没有竞争策略，不将“没有竞争的状态”设为目标。

既然说在日本的工业和市场中并没有竞争战略，那有什么战略呢？一言以蔽之，笔者认为是生存战略。规模较小的企业进行生存竞争，这样一来，该行业的预期收益率就会降低，大型企业也就不会以提高市场份额为目的对小企业“穷追不舍”。但由于盈利率仍会继续降低，导致越来越难以区分采用生存战略的企业。

丘比食品（キユーピー）成为蛋黄酱霸主的原因

笔者在此想以一些企业为例（但无意比较孰优孰劣），那就是丘比食品和味之素。这两家公司都是日本调味品行业的龙头企业，它们的销售额分别为5000亿日元和1.2万亿日元。丘比食品于1925年开始生产蛋黄酱，占据了日本最大的市场份额；味之素于1908年开始生产其同名调味品——味精[1]，而生产蛋黄酱则是始于1968年。

蛋黄酱市场的特点是只有两家大公司在争夺市场份额。除丘比食品与味之素外，还有一家名为“健康蛋黄酱”（ケンコーマヨネーズ）的公司，销售规模达数百亿日元，尽管规模不小，但其主打商用产品。因此，无论是其品牌还

---

[1] 中文的“味之素”和“味精”在日语中的表述相同，都是“味の素”。——译者注

是公司名都不被普通消费者熟知。这有点像美国常见的寡头垄断现象。

在此，笔者想思考的问题是，为何丘比食品能够成为第一名，味之素只能屈居第二，而不是反过来呢？味之素企业整体的销售额更高，而且说句也许会得罪丘比食品的话，味之素在技术等经营资源方面也更为丰富。通过激烈的竞争，味之素成长为蛋黄酱市场的日本最大企业并不奇怪，但实际上并没有。原因何在呢？

比较有力的答案是——丘比食品的利润率更低。与味之素相比，丘比食品的产品领域相对较窄。因此可以认为，这种低利润率是由于蛋黄酱的出货价格较低导致的。在此情况下如果味之素想要抢占市场第一的份额，就需要增加广告宣传费用，并且降低产品价格。这样一来，味之素的利润率也会降低到接近丘比食品的水平。

假设此时丘比食品业以其人之道还治其人之身，那么其利润率也会随之降低；味之素又会跟进杀价以赢得市场份额……这就可能陷入恶性竞争的循环。

站在味之素的角度上看，通过降低利润率去进行竞争并没有好处。如果竞争结果导致丘比食品退出蛋黄酱市场，那味之素便能够实现“没有竞争的状态”，味之素也能抬高售价，以获取更大的利润。然而，考虑到蛋黄酱是丘比食品的主要产品所以其不太可能退出蛋黄酱市场。在这种情况下，竞争的结果很可能是两家公司都维持在一个紧绷的、低利润率的双输状态。

笔者想要分享一个著名的故事。在第一次石油危机引起物价狂涨的时候（20 世纪 70 年代中期），丘比食品的管理层曾咨询日本通商产业省（现为经济产业省），能否提高蛋黄酱的售价。

虽然笔者认为政府机构不太可能提出明确的意见，但这则故事表明了丘比食品这家公司维护消费者的利益，坚持维持价格（不涨价）的决心。在少数寡头垄断的市场环境下，竞争的一种方式是通过价格，这听起来似乎是迈克尔·波特式的战略，但事实上并非如此。

由于丘比食品是市场份额占比第一的龙头企业，它的行为很容易被理解成为是竞争战略。考察市场份额较低的企业的行为会有助于我们理解。

虽然这些企业从份额上看并不高，但销量可观，价格也比较低廉。龙头企业通常不会为了争取更大的市场份额而降价，市场份额占比较低的企业大概率难以增加广告宣传费用，并且工资水平也不如龙头企业，转向更有利可图的业务领域也很困难。但只要公司满足于这种状态，它就可以维持业务，换句话说，就能存活下来。

再来分析一下健康蛋黄酱这家公司。正如上文所述，这是一家在商用产品上有优势的公司。其客户主要是外卖行业或便利店的便当等快餐业。如果健康蛋黄酱想要通过在超市等地销售蛋黄酱，即依靠蛋黄酱这一款产品来提高销售额，势必会与丘比食品和味之素形成竞争，那将会是一项非常艰巨的任务。

在这种情况下，可以认为商用蛋黄酱是一种利基市场。然而即使是利基市场，丘比食品和味之素应该也有不愿涉足商用蛋黄酱市场或者不想在该市场上增加销量的理由。这可能是由于丘比食品和味之素的品牌在商用市场没有品牌效应。这样一来，这两家大公司为品牌推广而投入的成本，在商用市场上并不奏效，而专注于商用蛋黄酱的健康蛋黄酱公司在成本上更具优势。

此外，商用蛋黄酱是 B2B 模式，每次商业洽谈都是相互独立的。因此，大规模的市场营销手段并不适用，这意味着即使龙头企业为拓展市场投入大量资源，市场份额也不会迅速逆转。

可果美（KAGOME）的酱料业务是合理的

笔者基于以下两个理由，对丘比食品和味之素之间的关系做出了如上分析。

第一，可果美于 20 世纪 80 年代在酱料市场上超越了英斗（ブルドックソース）而成为龙头企业。当时英斗是专门从事酱料行业的行业领军者，是一家营收和经常性净利率都达到 15% 的优秀企业。因此，可果美拼命提高其酱料业务利润率，最终高于其整体利润率，这有益于其业务的扩张。

第二，笔者曾问过与笔者仍保持着良好关系的调味料制造商的研究开发负责人，为何不进军液体调味料行业。得到的回答是因为利润率太低。该行业的龙头企业和蛋黄酱行业是同一家公司——丘比食品。

总之，如果将竞争战略的目标设为提高利润率，那么与丘比食品竞争就不是一个明智的选择。当然，日本企业家和资本市场并不是一开始就关注“边际利润率”“ROE（权益净利率）”等指标的。不过，他们一开始就明白参与竞争不会带来太高的利润。当然，当对手是英斗时就另当别论了。

4. 公司数量只增不减的国家

标题落笔，笔者再次认识到，日本似乎是一个在同一个产业中大公司数量只增不减的国家。当然，也有公司会因为经济波动或丑闻等原因消失。但总的来说，随着工业的发展和国民收入的增加,公司数量的增长是过去的常态。

现在有很多人认为时代早已改变。确实如此，从总体上看，公司正在进行合并，不时也有公司破产倒闭，公司的数量正逐渐减少，这在现代已经是日常现象。换句话说，即便没有大萧条或者恶性竞争，企业也可能会被重组。

究其原因，市场的全球化导致了临界质量——也就是企业继续保持生存所需的最低规模变大了。然而，打个比较贴切的比方，不同于能够在黑暗中瞬间变换的剧场舞台背景，产业组织[1]无法突然变化。也许这是因为现代的变化正是我们亲历的变化，所以 5 年就会感觉很长。然而，如果是明治时代中期，我们可以将 20 年的变化看作一个连续的过程，就像从公元 8 世纪到 12 世纪的平安时代，在历史学上也会被视为一个整体。

换句话说，我们可能正身处在一个感知跟不上变化的时代。回顾过去，我们或许能纠正这种“感知上的误导”，而通过用这种已经纠正的感知去展望未来，我们或许才能看清未来的变化。笔者对此充满期待。

[1] 产业组织：指用来描述参与某一产业（市场）的企业之间竞争关系的概念，涉及竞争、垄断、市场结构和企业行为等方面的分析。

日本财阀的
经营之道

第一章

前史
从江户时代到明治维新

接下来，开始讲述历史。虽说主题是追溯日本企业，尤其是日本财阀管理的历史，但笔者想在这一章中概述一下可以称为其前史的江户时代。

在现代日本有很多历史悠久的企业，有人将之称为千年企业。追根溯源，三菱创立于明治三年（1870年），然而三井和住友等在江户时期便已经是大企业了。三井的起源可以追溯至17世纪的一家吴服[1]店(即后来的三越百货)，而住友可以追溯至日本战国时代（16世纪下半叶）。

提到江户时代，就不得不提到闭关锁国的政策。日本之所以实行闭关锁国的政策，主要原因是德川幕府号称“内陆之王”，拥有农民（兵力）和粮食，因此战斗力很高。葡萄牙和荷兰都无法在军事上压制日本。对传入种子岛的火枪进行改良，增加其杀伤力并进行大规模生产的，不是日本的战国大名[2]，但也不是企业，应该说是商人资本。

[1] 吴服，即和服。日本和服源于中国三国东吴的吴服，经过中国中原地区服饰的影响不断演化。传到日本后，经过改良成为日本标志性的传统服饰。因此，和服又被称为吴服（ごふく）。——译者注

[2] 大名（だいみょう）是日本古时封建制度对领主的称呼。由比较大的名主一词转变而来，所谓名主就是某些土地或庄园的领主，土地较多、较大的就是大名主，简称大名。——译者注

1. 大阪商人（堺商人）的海外交易

日本战国时代（16 世纪下半叶），商人的主要据点是大阪的堺市。他们通过跟中国与南洋的贸易积累了财富（当时还有一位叫吕宋左助卫门的富商。吕宋即菲律宾），不仅生产火枪，还进口火药和弹药的原材料（硝石和铅），获得了巨额利润。换句话说，堺的发展和早期的硅谷类似，都始于军需。织田信长和丰臣秀吉之所以能够统一日本，很大程度上得益于控制了堺，几乎垄断了火枪、火药和子弹。

另外，当时交易的另一个据点是九州岛北部的长崎等地。倭寇将其占为据点，进行与中国的走私生意。当时中国明朝政府颁布了海禁政策（禁止私人贸易）。但到了 16 世纪上半叶，葡萄牙船已经到达日本。1526 年，日本的石见银山[1]开始得到开采（银的走私贸易是当时倭寇的主要财源），这样一来，倭寇在 16 世纪中叶（此时的倭寇史称"后期倭寇"）迎来了鼎盛时期。

此时明朝政府实施了一项创新政策，实际上是放弃海

[1] 石见银山（位于岛根县）：在 16 世纪后期到 17 世纪初达到了巅峰。当时，全球银矿产地主要在南美（西班牙殖民地）和日本。目前该矿山已封山，2007 年被联合国教科文组织列为世界遗产。

禁。在此之前，通过进行走私贸易获利的是倭寇，而明朝政府通过开放海港使用许可，即现在所说的收取关税而获得财政收入。此时丰臣秀吉也颁布了禁止海盗的法令，这可以视为没收了倭寇的武器。结果，倭寇迅速失势，他们先后攀附丰臣秀吉、德川家康等大阪商人开始拓展业务。

顺便一提，殖民者统治殖民地的“秘诀”是让被统治者内斗。殖民者最害怕的是被统治者团结起来一起对抗宗主国。日本经历了织田信长、丰臣秀吉、德川家康的三次统一后，整体对外抵抗的能力有所增强。此外，德川幕府通过闭关锁国政策，实际上垄断了与外国的贸易，因此，各大名无法通过贸易积累财富，这也是德川时代和平的原因之一。

必须指出的是，萨摩藩通过其占领的琉球（冲绳）进行了相当数量的走私贸易，因此，萨摩藩的财政十分充裕。在幕府末期，将军甚至有两位正妻来自萨摩藩（这需要大量金钱打点）。除了这两位正妻以外，其他人都来自宫家或公家[1]（有两位来自津岛氏的正妻在嫁给将军之前，都按照惯例先成为公家的养女）。虽然幕府似乎对走私贸易知情，但由于没有叛乱的迹象，选择了默许。

[1] 宫家指日本皇室中的分家；公家指贵族阶层。——译者注

2. 江户时代商业发展的原因

那么在江户时代，商业有没有发展呢？至少在对外贸易方面，由于日本的闭关锁国政策，并没有实现大规模的扩张。然而，即便在日本闭关锁国期间，北海道（与现在的中国、俄罗斯之间的贸易）、长崎（与中国、荷兰之间的贸易）、对马（与朝鲜半岛之间的贸易）和萨摩藩（与琉球之间的贸易）也在持续进行对外贸易。

就国别而言，与中国的贸易最为频繁。话虽如此，对华贸易规模也仅仅是对荷的两倍左右，而荷兰船每年只来日本两次，所以整体来看，外贸的占比并不大。因此，商人们主要活跃在国内贸易上。更准确地说，在此之前通过海外贸易积累财富的商人逐渐消失，新势力崭露头角。

江户时期商业的三个特征

关于江户时代的商业，笔者想指出一些特征。

（1）和平

虽然江户时代由以战争为生的武士阶级统治，但几乎没有发生战争。战争一旦爆发，日本经济就会产生剧烈波动。换句话说，商人的命运就会起伏不定。而战争中，无论是武士还是商人，其命运都与自己选择投奔的势力息息相关。在江户时代并没有需要武士和商人们选边站的战争发生。总而言之，商人处于一个风险较小的时代，既没有太大的涨幅也没有太大的损失。

（2）海运

在欧洲，河流是贸易船只航行的地方。相反，在日本，河流是用来横渡的，日本的河流落差太大，不适合运输。尽管河口地区有填海地或运河，但河流穿过街道的部分没有桥梁，只能依靠渡船或者脚夫。为何会出现这种情况呢？在日本小学时段就学过的理由是，为了阻碍叛军的机动。这种考虑确实存在，而且限于当时的建筑技术，即便架起桥梁，也会被洪水冲毁。因此，交通的关键所在是海港，那里也是人口稠密的地方。

例外的是关东平原的河流。在1617年东回航路开发前，日本东北地方的货物都是南下至铫子港后，转由江船运输，经利根川运往江户。然而，利根川河口是船只的三大难关[1]之一。东回航路避开了这一难关，且无须换船就可直接进入东京湾（江户湾）到达江户，堪称一次物流革命。但是，利根川河口周围的产品，例如酱油等仍继续通过江船运输。因此，铫子港至江户这一航线并未在江户时期废弃。

海运有风险。有时会遭遇风暴和事故，但几乎没有海盗。且由于距离较短，也无须担忧大航海时代中困扰欧洲船只的因维生素C不足所引起的坏血病。另外，由于船只体形小，即便遭遇意外，损失的货物总量也不会太大。总的来说，海运的风险并不大。

（3）巨大的人造都市——江户

当提到贸易的目的地，自然想到日本最大的消费地——江户。首先必须要有建设城市基础设施的技术人员和劳动力，其次是大名府邸的建造也产生了大量需求。大名每隔一年在江户和封地之间搬一次家。而大名的正妻和嫡子则作为人质一直居住在江户。

武士阶级不从事生产活动，只进行消费，且人数不断膨胀。那么，日本江户地区是否有农业和工业生产能力呢？——在江户时代初期几乎没有，但是幕府和大名有钱，因此，他们可以从其他城市购买。运往江户的物资中，粮食大体来自大阪；工业制品（衣物和装饰品）多来自京都。

[1] 江户时代船只航行有三个困难的地点，被称为“三大难关”。利根川河口是其中之一。——译者注

随着时间的推移，大阪逐渐超过了京都，成为日本的商业中心。这有两个原因，一是大阪有港口，比京都更方便水上运输；二是各藩的年贡米都被运到大阪，被用来兑换成现金。

各藩的年贡米在大阪兑换成现金，换句话说，就产生了现金流。而各藩的领主需要在江户的府邸进行消费，因此，需要将大阪的现金运往江户府邸。大阪通过承担这种运输现金的风险——即将现金从大阪运往江户，收取“汇款手续费”，这样一种新业务便诞生了。此外，如果江户藩邸的支付对象是京都或大阪，那便可以用其在大阪兑换的现金进行代付，这样就可以消除从大阪到江户的资金运输风险。

另外，商人可将在大阪保管的贡米作为抵押，向藩放出贷款，这被称为“大名贷”。总的来说，大名贷的贷款期限通常较短，抵押品充足，可以说是一种相对安全的贷款业务。这样一来，商人就向着金融业的多元化发展。

此外，也有资料称大名贷是一种高风险的贷款。实际情况可能因人而异，可能确实也有烂账发生，但至少不会有战争的风险。如果说有风险，恐怕大多也不过是还不上现金改用某种权利抵债的情况。总之，商人的交易似乎并不经常遇到风险。

3. 三井始于江户时代初期

商人在江户城内直接拥有店铺的情况也变得越来越普遍，三大财阀之一的三井就是一个典型的例子。实际上，三井的起源并不十分明确。江户时代流行摆家谱来彰显门第。武士和富商的家谱往往都追溯到同一个祖先——藤原氏，而三井的祖先是藤原道长[1]。三井可能并未向那些有来往的武士门第提起此事，毕竟三井是商人，要是敢说祖上比武士家阔多了，那得吃不了兜着走。

说起来笔者家也有家谱，先祖是真田幸村[2]。不过根据记载，笔者的先祖仅仅是短暂地被收为养子。为什么会有这样的情况呢？因为一旦对外宣称自己是真田幸村的直系后裔，反而会露出破绽。所以“只是挂个养子的家谱”就够充门面了。

三井的发源地位于伊势（三重县）的松阪市，其业务包括酒馆和当铺。接下来叙述一下这段史实。

[1] 藤原道长（ふじわらのみちなが，966 年至 1028 年），日本平安时代的公卿、权臣，关白藤原兼家第五子。藤原道长父子任摄政、关白的时期，为摄关政治的全盛时期。——译者注

[2] 真田幸村（1567 年至 1615 年 6 月 3 日），本名真田信繁。以真田幸村、真田左卫门佐之名闻名于世。是日本战国末期名将，战国乱世最后的英雄。——译者注

源于伊势却命名为“越后屋”？

17 世纪上半叶，三井家族在江户的日本桥本町开了一家妇女用品杂货铺，名叫越后屋，后来发展成为纺织铺。另外于 1673 年，三井家族的另一个分家也在桥本开了一家越后屋，发展得更好的是后者。“三井的越后屋”后来演变成了“三越”（值得注意的是，“三越”的称号是从明治时期开始使用的。当时明治政府考虑将中央银行交与三井管理，但中央银行不能与越后屋同时经营，而且当时越后屋生意不好。因此，三井将越后屋分离出来独立为三越）。

奇怪的是，为何是以“越后屋”命名而非“伊势屋”呢？按理说，三井与越后——即新潟（越后地区）没有关联，不过，当时有种叫“受领名”的东西，是由神社或寺庙向商人给予的类似“官职名”的商号。商人认为一旦获准使用这样的商号，店的地位便会上涨，自然乐于使用。因此，只要能够充门面，与新潟有关与否自然无伤大雅。在现代，也有一些公司会标明“宫内庁御用達”[1]。三井的情况类似于这种情况的缩小版。

[1] 御用達，在江户时代指有特权的御用商人，他们可以进出幕府、大名、贵族、寺院等地做生意。现代则指向皇室交付货物的御用供应商，被改称为「宮内廳御用達」。宫内厅，日本政府中掌管天皇、皇室及皇宫事务的机构。——译者注

店主名字代代相传的原因——作为商标的名字

然而，在日本桥本町仅三井的越后屋就有两家，再加上其他商人，“越后屋”数量应该会更多。按照现在的说法，无论是贸易伙伴、客户或管理当局都会感到困扰。那么，他们到底是怎么区分这些越后屋的呢？

例如，当越后屋前来收款，不知道是哪家越后屋就会造成麻烦；再如，如果不清楚是谁掌管着江户的越后屋经营权（也就是所谓的“株仲间”），也会造成困扰。这样的问题很容易出现。

实际的解决方案是将商号和名字[1]结合起来形成品牌。这样一来，就不容易混淆。如果出现同商号同名字的情况，那便会将名字换成别的“通称”。

有一个明治时代的故事。有一个名叫小菅丹治的人成为神田佐久间町的米谷商人（伊势屋）的女婿，并于1886年在旅笼町创办了“伊势屋丹治和服店”，1930年，其继任者创建了伊势丹股份公司，这位继任者被人称为“二代目小菅丹治”。初代小菅丹治的5个孩子都是女儿，二代目（即第二代）是养子。三代目是二代目的亲生子，但作为公司总裁，他的名字仍是丹治。

虽说现在这种情况已经很少见了，但在一些历史悠久

[1] 当时除武士阶级之外的人几乎都没有姓氏，所以这里的名字仅仅指“名（first name）”。

的企业中还能见到，有人继承总裁的职位时，也会继承前任总裁的名字。伊势丹的第一代到第三代总裁，都“袭名”小菅家的丹治先生（第四代的小菅先生没有袭名，此后由于泡沫破裂导致经营恶化，管理层发生变更，由曾是公司职员的小柴正和接任第五代总裁）。

江户时代的情况如何呢？以三井（越后屋）为例。三井的越后屋总店设在关西，东京只是分店。总店一直以家族的名字——八郎右卫门代代相传。东京方面，一开始是让三井家主的儿子担任经理，但也有部分门店不用三井本家派人，而是让雇员担任经理。这种雇佣经理的商店就变成了越后屋某某、伊势屋某某、近江屋某某等。

话题

株仲间

这是一种由多个商人组成的卡特尔，旨在垄断某一特定交易领域。这里的“株”是指可进行交易的经营权。商人们通过垄断交易产生利润（财富），就有可能发展成为大名的敌对势力，或者支援敌对方的隐患。因此，织田信长等战国大名曾禁止这种行为。这就是所谓的“乐市·乐座”[1]。

虽然在江户时代初期这一行为也一度受到限制，但到18世纪初，株仲间出于两种目的开始被承认。

第一个目的是幕府将株仲间视为控制产业的手段。第二个目的是幕府通过承认株仲间，向他们征收资金，由此成为幕府的收入来源。这样一来，德川幕府就不再担心反对势力将株仲间当作其资金来源。

人别账与“袭名”

即便人员更迭，“近江屋”和“某某”这样的名号也保持不变，传承了下来。那么现在所说的户籍和居民登记上的名字又是如何处理的呢？在此笔者想稍微解释一下。

从日本战国时代末期起便有了“人别账”[2]。小学教科书教过，丰臣秀吉颁布了“刀狩”和“检地”[3]命令。“刀狩”并不是由丰臣秀吉首创的，而是自镰仓时代起就已经存在了。其目的是解除土豪势力、僧侣和农民的武装。而

[1] 乐市·乐座是日本在16世纪至17世纪期间的战国时代，由织田信长、丰臣秀吉及诸战国大名在其领地城下町所推动的一项经济政策。“乐”字指的是自由化之意，“座”则是指平安到战国时代的工商业者或演艺人员组成的工会，她们向朝廷、贵族或寺院支付金钱，以换取独家专卖或贩卖权。——译者注

[2] 即人名簿。——译者注

[3] “刀狩”指的是一系列的武士武装解除政策。“检地”是指对领地进行重新测量和整理的活动，通常涉及土地的重新分配和对土地价值的评估。——译者注

丰臣秀吉的“刀狩”实际上是针对武士阶级的。这些人虽然拥有领地，但都聚居在领主的城下。在此之前，武士都住在农村，但日本战国时代突然产生了建“城”的创新，使他们纷纷离开了领地。

也就是说，城下町应运而生。除此之外，江户时代的町还有门前町、港町、宿场町等，但据说现在的主要城市大多由城下町发展而来。城下町的商业特别集中，尤其是“问屋”——即批发业。在欧洲，城市多由商人建造（典型例子是威尼斯），而在日本则是先有城市再有商人聚集。

丰臣秀吉的“检地”政策也是一种创新。奈良时代是公地公民[1]，但随着庄园制度的出现，公地公民制度逐渐瓦解。丰臣秀吉命各大名对领地进行“检地”，并要求他们自行申报结果。丰臣秀吉的想法是，由于征税——即年贡米会成为领主的收入，因此不会发生严重的虚假申报行为。即便少申报也无法获得实质利益，而相反，如果能取得功绩就会得到更多的土地，因此，各领主也许会更倾向于多报一些。

重要的是，是由耕作者去承担赋税，通过这种方式使得庄园等私有地的所有者——即地方豪族、寺庙等的土地所有权实质上被剥夺了。如果是由地方豪族、寺庙等主体来缴纳年贡米，就无法破坏他们的既得利益。

[1] 即土地属于天皇，人民都是天皇的臣民。人民享有土地使用的权利，需要上缴赋税或劳役。——译者注

这样一来，“城”“武装解除”和“检地”形成了确立大名统治的一整套政策。然而，居住在城周围的家臣们对自己领地的情况其实并不太了解。

到了江户时代,大名的家臣分为拥有领地(被称为知行)的高级家臣和领取俸禄（被称为家禄）的家臣。这意味着没有领地的武士越来越多。但是,家禄的来源是领地的稻米,因此，有必要去确认领地是否有充足的劳动力，以及能够动员的人数。为此,就需要类似户籍的东西,这就是人别账。

到了禁止基督教的时期后，17 世纪中叶，根据幕府的命令，开始实施宗门改账[1]。最初是每年开展一次（在有些地区，这也是为了抑制一向宗的势力）。这使得宗门改账就起到了户籍的作用。

这样一来，从近江或伊势等地去江户的分店工作的人员要怎么做呢？在制度上，他们必须从原来地区的人别账中被除名，再登记到江户的人别账，但这项制度并没有得到有效的执行。有些人仍在原来的人别账上保留着，而以“旅人”的身份在江户工作。还有人通过在江户注册成商人，来进入江户的人别账中，这就是所谓的“一人两名”，也就是双重户籍。

[1] 宗门改账，日本德川幕府为禁止基督教而实行的宗教调查制度。1640年，设置“宗门改役”官职，以调查每个人的宗教身份。从 1671 年（宽文十一年）开始，寺院每年需向幕府提交“宗门改账”（账即簿册）。——译者注

此外，对于分店的经理人来说，名字就等于商标，等于经营权。因此，即便经理人代代更替，后继者也会继续使用前任的名字，这也是一种袭名的做法。对于町的管理机构奉行所或者行业组织来说，也是如此，保持名字不变更方便管理。这种权利被称为“株”，行业联盟叫作“株仲间”。幕府通过株仲间去实施产业政策。

更有趣的是，这些株可以被买卖。即使是同一家越后屋，也可以由无关的人买下其经营权并使用该店名。有时甚至不仅是店名，连经理人的名字（first name）也可以承袭。还有一种叫“与力株”的东西，“与力株”类似于江户的警察官，其职业权利也可以被买卖。

话题

相扑的年寄株[1]

在有的行业中，这种“株”存续到了现代，那就是相扑。共有105个年寄名号（即年寄株。现在除此之外，曾到达横纲或大关[2]等级的人可以在数年

[1] 年寄，相扑协会的董事。——译者注

[2] 横纲、大关都是相扑的等级。横纲是最高等级，大关次之。——译者注

的时间内以其四股名[1]担任年寄。此外，尤其有重大贡献的人可以成为一代年寄。直到目前为止，仅有大鹏、北之湖和贵乃花这三人拥有这一身份）。想成为年寄，必须要满足力士的“竞技成绩”这一条件，并在此之上经过日本相扑协会的审核和批准。直到数年前，年寄株仍可以像江户时代时一样买卖。此外，在有特殊情况无法购买的情况下，也可以借用。

[1] 四股名，相扑选手的“艺名”。——译者注

4. 住友的诞生及其业务拓展

前文以三井为例进行了讨论。此章再将历史稍微往前回溯，探讨住友。从家谱上看，住友起源于越前。从住友这个姓氏上看，是武将出身。住友若狭守是其家族祖先，他是越前丸冈城的城主，据说曾侍奉于柴田胜家[1]。柴田胜家在 1583 年战败给丰臣秀吉后自刎，由此可知，若狭守是 16 世纪末的人。

16 世纪末（1596 年），住友若狭守的孙子政友在京都开设了药店和书店，店名叫作“富士屋嘉休”，与三井的越后屋一样，商标和籍贯不一致。

有趣的是，住友家族有一位“家祖”还有一位“业祖”。“家祖”是上文提到的政友，而“业祖”是政友姐姐的女婿，叫苏我理右卫门，他是发起铜矿精炼革新的人物。

虽说是革新，但这并不是他自己想出来的。这个想法是从南蛮人，也就是外国人那里学到的。铜中掺杂着银，因此，从铜矿石中不仅能提炼出铜，还能提炼出银。经此，住友积累了财富，所以，苏我理右卫门才被称为“业祖”。

[1] 柴田胜家（日语：しばた かついえ；英语：Shibata Katsuie；1522 年至 1583 年 6 月 14 日），日本战国时期名将。

其业务是铜的精炼和出口，换句话说，也属于商人，因此，住友也朝（兑换业）金融业进行了多元化发展。

此后，其业务从铜的精炼发展到了其“上游”——矿山经营。最著名的便是爱媛县的别子铜矿。该铜矿在 1700 年达到了产量峰值，再之后也一直开采铜矿石，直到 1973 年才停产。住友应该可以说是一家铜矿公司。

5. 江户时代商人的兴衰

重要的是，住友一直存续到了明治维新。迎来明治维新后，住友作为财阀实现了业务的多元化拓展，并存续至今。那么，决定江户时代的企业（与其说是企业，不如说是商店，但也有住友这样的矿山公司）成败的因素又是什么呢？通过一些资料可以发现，“投机失败”和“管理松散，生活奢靡”是其没落的主要原因。也就是说，成功的因素与此相反，即是稳健的管理。

江户时代的人口和经济都有所增长。关于人口有这几个估计值：1600年约有1200万人，1700年增长至约2800万人，1750年则达到了约3000万人。因此，企业需要的是成长策略而非竞争策略——随着市场的扩大，企业自然能实现增长。

此外，到了18世纪下半叶，人口没有增长。笔者认为这与天明饥谨（1782—1787年）、天保饥谨（1833—1836年）等气象灾害有一定的关系。直到幕府末期，人口再次实现增长，至明治维新时期约有3400万人。

“分出商号”阻碍成长

除上述内容外还有需要指出的情况,那便是“资本分散”和“分出商号”。首先,“分出商号”就是指在某个店铺长期工作的伙计,脱离原来的老板,另立门户,使用和原店铺相同的商号的做法。整个流程是,伙计结婚后不再在店铺居住,这叫“别家”,然后,按照现在的说法,伙计业绩提高后,争取开创自己的店铺。这样做的好处有很多,不仅可以沿用原来的商号,还可以带走一部分原来的客户,得到过去的供应商的信任,甚至有可能取得东家的金融支持。与独自创业相比,成功的可能性高得多,但他们并不与原雇主进行竞争,而是形成集团。

话题

英国的力拓集团起源于罗马帝国时代

英国的大型公司中有一家叫力拓公司。它是销售额6万亿日元的跨国公司,但其起源是西班牙的国营铜矿公司,可以追溯到罗马帝国时代。

尽管力拓公司专注于矿产资源和能源工业,没有像日本的财阀那样多元化发展,但可以说是类似于住友金属矿产的公司。

三井的大元方制度

与“别家”相对，“本家”和“分家”是有血缘关系的。分得商号的伙计通常是管理稳健的人才，但本家和分家的孩子中却不一定人人都具有商业才能。因此，如果通过继承来分配资产（资本），其中一部分人便可能会因为上述提及的“管理松散，生活奢靡”而“消逝”。而尽管有才能的那部分人能够扩大业务，但人的寿命终究是有限的。如何传承业务资产，在当时和现在都是需要面对的重大问题。而防止资产分散的制度之一叫作元方或大元方。三井的大元方制度始于1710年。

三井（越后屋）的创始者高利在遗嘱中将财产留给了6个子女和3个养子（孙女的丈夫）（这也是三井九家的起源），并规定了分配方式。如果仅是这样的话，那么部分资产消失也不奇怪。然而，这9位继承人决定将资产交给自己的长子，并共同进行管理。这样一来，大元方制度就诞生了。

大元方可以理解为现代的企业总部。这9人拥有一人一票的决策权。由于委托的资产并不相等，所以这与股份公司有些许不同，更接近于合伙公司。此外，这些持股不可转让。9家各自经营自己的店铺。

各店铺每年向大元方缴纳费用（类似于今天的纯粹控股公司[1]对子公司的管理费），每三年从利润中进行额外缴纳（分红），同时向雇员支付奖金。由于大元方并不直接进行业务经营，因此是从店铺缴纳的资金分配给9家。然而，这9家无法处理这些资金，因此，资本会逐渐积累起来。换句话说，虽然上文中写到“分红”，但这实际上是向母公司分红，因此资金并未流出法人，而是保留在其内部不断增加。

资本家和经营者自然地开始分道扬镳

这一大元方制度在18世纪下半叶曾一度被取消，但很快又重新恢复。这并非法令的强制规定，继承人具有一定选择权。如果继承人不愿意，就可以取消。但实际上，一经恢复，它就持续了约150年，直到明治初期。

在江户时代，武士的家督[2]由长子继承，而商人的家

[1] 纯粹控股公司：一种不自行经营业务，而是旨在对其他业务公司进行投资和管理的公司。例如日本的NTT就是一家纯粹控股公司。这类公司在1997年日本《反垄断法》修改后得到了承认。而混合控股公司是指自身经营业务的同时，对其他业务公司进行投资和管理的公司。日本的大企业大多是混合控股公司。

[2] “家督”一词源于中国的《史记·越王勾践世家》：“家有长子曰家督。”后常作为日本自镰仓时代逐渐开始出现的、以嫡长子为继承要求的家族实际掌权者。——译者注

产则通过遗嘱决定。然而，财产可以分割，店铺却不能。如果分家也开店，那么店铺（业务单位）的规模便会缩小。而且，还受到株仲间（同行业协会）的人数限制的影响。分家越多，店铺的数量就相对不足。

换句话说，如果继续执行“营业资产 + 资本”分割继承的方法，总有一天有可能出现“经营者”和“资本家”分离的事态。之所以说“有可能”，是因为这仅限于继承人众多、事业成功、能够分配遗产的情况。三井就有 9 个分家，从第二代开始继承人就过多，因此，他们“幸运地”遇到了这个问题，并开始了近似于初步“分离”的资本与经营过程。

大丸也采用了类似的制度

大丸（吴服商，后来的大丸百货店）在 30 年之后也采用了类似于三井的元方制。后来也设立了大元方。有趣的是：

（1）本家和 3 个分家各自设立了元方（各自进行内部留保[1]）；

（2）本家的元方有 3 个分家出资参与；

[1] 内部留保是指公司保留其盈余资金而不进行分配或投资的做法。——译者注

（3）本家的元方由别家出资。

大元方不是法令规定的，因此，豪商们想出了易于自己操作的方法。

其中第三点的情况，可以类比为子公司（非同族的别家）向母公司（本家）出资。子公司出资（向母公司或向其他子公司出资）在明治时代的财阀中也很常见，其实就是在集团内部筹集资金。然而，在江户时代，即使店铺的别家以东家的商号开了分店，其规模也并不太大，所以这种出资可以认为是亲戚间的，或者是与母公司的交情之举。

由伙计晋升为高级管理层

接下来，让我们从伙计的职业发展的角度来看一下大规模化的商人（商店）组织。如前所述，伙计有一定的业绩后，就可以以东家的商号开分店的方式拥有自己的店铺。但那些店铺的规模很小。另外，上述三井各家虽然规定各自负责管理某个店铺，但笔者认为，有很多人由于能力不足，或者缺乏经营店铺的经验，而无法胜任这一职责。因此，将实际的经营交给了伙计。

因此，经常有A店由分家的当家经营，而B店由伙计经营的情况。在此情况下，A店和B店的协调就难办了。在身份制度下，B店的伙计必须听从A店的主人。但一旦如此，B 店的名义上的经营者——即当家就会有所不满。这是很有可能发生的事情。因此，如果各个店铺的经营都交给伙计，9 个分家专注于资本家的角色，业务就会更顺利。

换句话说，高级伙计的职责范围相当广泛。而以东家的商号开分店的业务规模可能要小得多。此外，之前大店的伙计主管是自己的前部下；而自己这个别家的当家兼前上司，却要向前部下低头行礼。——这种情景，即使在现代也可以看到类似的例子。例如，董事总务部长退休后成为关联公司的社长。接替的董事总务部长是以前的部下，而关联公司的董事中有总务部关联公司的课长。又或者，电视台的制作长退休后独立创业，成立节目制作公司并从该电视台接受节目制作，甲方也是自己的“前部下”。

这些现代的例子与以东家的商号开分店有些不同。后者是指“成功的伙计”，继承了东家的生意和店铺。相比之下，总务部长成为关联公司总裁或制作部长退休后成为前部下的承包方，代表着“成功的上班族的姿态”。那么“成功的上班族的姿态”又是什么呢？在上述的例子中，就是董事总务部长或制作局局长这样的角色。而在江户时期的商店中，就是成为“番头”。

三井的伙计很可能希望升职，而不是分家独立

在商店大规模化的过程中，即使在江户时代，伙计的“成功”的定义，也从“以东家的商号开分店成为店主”转变为了“在大型商店中爬到高位”。这样工作会变得更加丰富有趣，薪水也更高。虽然给人当伙计意味着必须听命于主人，但即使分家了，他们的地位与本家相比也还是更低。因此，可以得出这样的结论：作为伙计，要往上爬。

这一点也可以从职务层次来想象。以三井吴服店江户本店 18 世纪中叶的管理层级为例，从上到下依次是：大元缔、元缔、元方掛名代、名代、后见役、宿持支配人、店支配人、支配人格、支配人准役、支配人及组头、役头等。

人们往往会认为商家的层级结构由下往上是小僧（在关西称为丁稚）、手代、番头，但实际上并非如此简单。

层级多是因为工作内容变得多样化了。在店的负责人是支配人，但是，在他的上面还有后见役、名代、元缔等多个层级。伙计的工作越来越接近于管理。

“内部晋升的经营者”早已出现

在这里值得一提的是，与美国不同，19 世纪的美国先

出现了专业管理职位（相当于江户时期日本的伙计中的高级人员），然后才出现了专业经营者。在19世纪典型的例子是铁路公司。而当时的所谓经营者，简言之，就是投资者。

相反，18世纪的日本，在商人扩大了业务，然后代代相传的过程中，继承者们以资产（资本）保护和经营为职责，而实际的业务运营则交给了伙计们……更确切地说，实现了这种分工的组织才能长期繁荣下去。专业管理职位[1]通过长期雇佣成为“内部晋升的专业经营者”[2]。笔者认为，现代日本企业的成长模式，在此已初现雏形。

补记：明治维新带来的制度断裂

值得一提的是，在某些讲解日本的经营史的书籍中，提到了从战国末期到江户时代，日本也存在着合资公司或类似合伙制的组织形式。笔者认为，在经营史这个学术领域，这是一个重要的课题，但本书不打算深入探讨。原因在于，

[1] 专业管理职位：指的是负责企业职能，如管理、财务、采购等的专业高级员工。负责整合这些职能的是总经理（General Manager，GM），最近也叫首席运营官（Chief Operating Officer，COO）。

[2] 专业经营者：经营者的类型可以大致分为业主（家族成员或股东）、内部晋升者（从内部晋升而来）以及专业的经营者。专业的经营者在企业管理方面具有专业知识和经验。目前美国的大型企业通常由董事会指名或报酬委员会决定（物色）首席执行官（CEO）候选人。这种情况下，通常会选择专业的经营者。

日本的各种制度因为明治维新时期而发生了“断裂”。

在前作中，笔者指出了在管理领域，即使出现了组织形式的创新，旧形式的组织仍然会继续存活，而且不是以濒临消亡的姿态，而是以相当主流的方式。这是产品创新和组织创新之间的显著区别。

例如，合伙制在中世纪就已出现，到了现代也是主要的组织形式之一。而在欧洲大陆和包括美国在内的旧殖民地之间人们不断地“流动和集聚”，创新也在不断传播。

而在日本,明治维新时期引入了技术和制度。换句话说，创新是从西欧传播过来的。

但是，即使引进了全新的制度，比如说虽然引进了公司制度，但负责经营和运营的依旧是日本人。结果就是，在日本的历史基础上建立起了西欧式的公司。

就如同“和魂洋才”这种说法一样，建立起来的“上层的盒子”虽然是西欧的，但其中所进行的经营可能是日式的。特别是在日本的情况下，由于“盒子”和历史（直到最近的现实）之间的差距很大，这两者的结合方式可能很特殊。顺便一提，以这种视角来观察现代中国企业可能也很有趣。

6. 重要的岔道——百货公司分为吴服商系和电铁系的原因

前文提及明治维新导致了制度断裂，但有些企业能够把老本行继续发展壮大。在建筑业、酱油业、传统零售业等行业中都有一些源自江户时代的老字号。还有一些江户时代的兑换商后来转型为银行，如三井、住友（现在合并为三井住友银行）。此外，鸿池（16 世纪在兵库县靠酿酒业起家,后来成为了日本关西地区最大的兑换商。与鸿池组、鸿池运输无关）于 1877 年成立了第十三国立银行，后来改名为鸿池银行，与另外两家银行合并后于 1933 年成为三和银行。再后来，与东海银行等合并，成为 UFJ 银行，最后与东京三菱银行合并，成了现在的三菱 UFJ 银行。

欧美的百货店诞生于日本的幕末时期

有趣的是百货店。一般认为，百货业的起源是 1852 年在巴黎开业的乐蓬马歇（Le Bon Marché）百货店。那时正好是日本的幕末时期。1851 年，伦敦举办了首届世界博览会。巴黎紧随其后，于 1855 年举办了第二届世博会。当时的世博会，其实就是一个大型的百货店展销会。百货店随着欧美的工业化和城市化而迅速发展，有些日本人也看到了商机。在日本，一些吴服店开始转型为百货店。江户时代的三大吴服商，除了之前介绍过的越后屋（后来的三越百货）之外，还有大丸和白木屋。白木屋最初是 17 世纪中叶在京都以木材商起家，后来成为吴服商。到了明治时代，就成为了百货店。除了这“三强”之外，还有很多吴服商也变成了百货店。

高岛屋：1831 年，在京都以旧衣和棉布商起家。

崇光：1830 年，在大阪创业（旧衣商）。

松坂屋：1611 年，在名古屋创业（吴服针线商）。1768 年，收购了上野的松坂屋，进军江户。明治维新后也一直存续。

松屋：1869 年，在横滨开设吴服店。1889 年，收购了松屋和服店，进军东京。

伊势丹：正如前文所说，1886 年在神田开设和服店。

与这些和服店不同的是，电铁公司则是为了目的地开发（Destination Development），吸引更多的乘客，而在站点附近设立了百货店。而基于同样的目的，也促成了甲子园球场、宝冢歌剧团等其他设施的建立。

1920 年，白木屋应阪急电铁的邀请，在梅田站大楼开设了分店。也就是说，最早在终点站开设分店的，不是电铁系，而是吴服店系的白木屋。这是因为阪急电铁的小林一三想进行市场测试——看看在终点站开设分店是否有利可图，就利用了有百货店经验的白木屋来做实验。结果成功了，于是 1925 年，阪急电铁就成为了日本第一家开业的终点型电铁系百货店。

另外，白木屋后来被东急电铁收购，而曾经是白木屋旗舰店的东急日本桥店于 1999 年关闭。东急电铁在 1934 年就在涩谷开设了终点型电铁系百货店，所以没有必要再进驻日本桥，至于白木屋后来成为了不友好的 M&A（兼并收购）对象，与本章无关，因此暂且不表。白木屋经历了种种波折后，在 1958 年与东横百货店合并。

异业竞合的奇妙现象

大家都知道，百货店可以分为两大类：一类是由吴服店发展而来的（吴服商系），另一类是由电铁公司开设的（电铁系）。那么，为什么会出现这样的分类呢？这个问题很少有人解释，但是，我们经常看到一些来自毫不相干的产业的企业几乎同时涉足同一个新领域的现象。笔者想简单地介绍一下这方面的例子。

首先，职业棒球。这是由电铁和报纸两个行业共同推动的。电铁的目的是开发沿线的目的地，吸引更多的乘客。报纸的目的是通过制作有吸引力的版面来增加读者。

其次，网球拍。日本的网球拍制造业，曾经是由雅马哈（直到 1997 年）、古洛布莱（原大和精工，钓鱼用品。品牌是美国的 Prince）、邓禄普（轮胎）、尤尼克斯（羽毛球拍）、普利司通（轮胎）等与材料相关的企业所垄断，但是在 1965 年前后，木制的网球拍却是由川崎和双叶生产的。随着材料向树脂和碳纤维等石油化学制品转变，与材料有关的上述企业纷纷进入了这个领域。这是日本产业的一个有趣现象，有些公司会突然涌入某个业界，让人感叹："啊，那家公司也生产这个？"

众所周知，尤尼克斯是一家专业的羽毛球拍制造商，但你可能不知道，它还生产乐器、钓鱼竿和轮胎。这些公司之所以能够"几乎同时"进军网球拍产业，是因为它们都有"碳纤维"业务。这是日本市场发展的一个典型例子。如果历史上出现了断层，那么产业组织的形态也会随之发生有趣的变化。

7. 幕末的动乱

在开始论述幕末时期之前，先补充一些重要的背景知识。

话题

佩里舰队的蒸汽船只有2艘

佩里访日时，有一首著名的狂歌。

“安眠的上喜撰啊，喝上四杯也睡不着啦。”

这首讽刺诗把蒸汽船[1]和京都宇治的高级茶上喜撰联系在一起。但蒸汽船并不是4艘，而是2艘。其余2艘是帆船，而且很小。考虑到当时的科技水平，产生这样的误解也不奇怪。

[1] 在日语中，“蒸汽船”与“上喜撰”发音相同。——译者注

短时期内大事连连，一鼓作气促成变革

首先，这是一个变化非常快速而密集的时期。在短短的几年内，发生了很多重大事件。美国的马修·佩里（Matthew Perry）绕过好望角（而不是横渡太平洋。佩里是美国东印度舰队的司令官），于1853年来到日本。这一时期的历史大事件年表如下。

1840年，鸦片战争爆发。

1842年，中英签订《南京条约》。

1844年，荷兰国王亲笔致信日本，建议日本对外开放。

1846年，美国人比德尔到达日本浦贺，要求通商（被德川幕府拒绝）。

1853年，美国人佩里到达日本浦贺，搭乘的萨斯奎哈纳号（蒸汽船）排水量3824吨，密西西比号（蒸汽船）排水量3230吨。

俄国人普加金[1]到达日本长崎，搭乘的戴安娜号（帆船）排水量2000吨。

德川幕府和各藩解禁建造大船。

1854年，佩里第二次来日，签订《日美和亲条约》。

普加金第二次来日，签订《日俄和亲条约》。

---

[1] 普加金（Evfimiy Vasil'evich Putyatin，1803—1883年）：俄国海军军官。签订《日俄和亲条约》《日俄修好通商条约》的全权代表。后官至海军元帅、教育大臣。

签订《日英和亲条约》。

建造凤凰丸号（幕府）排水量550吨。

建造升平丸号（萨摩藩）排水量370吨。

1855年，德川幕府制造了排水量100吨的户田丸号作为普加金的回国用船。

荷兰向德川幕府赠送蒸汽船。

成立长崎海军传习所。

签订《日荷和亲条约》。

1856年，美国的哈里斯总领事到达日本下田。

1857年，从荷兰购买咸临丸号（蒸汽船，排水量620吨）。

令人感到惊讶的是，本来没有洋船建造经验的幕府和萨摩藩，在1854年就造出了大船。

咸临丸号（荷兰制造）的船长胜海舟曾说这些船是“瞎搞”，即认为它们质量不好。但是后来的研究表明，这些船都是合格的洋船。

这些船只在大船建造禁令解除之前就已经开始制造了。这一点非常具有日本特色（或者说是“江户特色”），也就是阳奉阴违。有实力的藩不顾德川幕府的禁令，秘密地推进近代化。

普加金第二次来日本时搭乘的是排水量2000吨的船只，这艘船在这一时期频繁发生的地震（被统称为“安政地震”）中，因一次海啸而严重损坏，无法修复，于是向德川幕府请求建造一艘代用船，这就是“户田丸”号。之所以叫这个名字，是因为它是在伊豆半岛的户田造的。由于排水量只有100吨，无法搭载所有船员，所以船员尝试分成三批回国。普加金本人是第二批，搭乘“户田丸”号回到了俄国。

排水量100吨的船只听起来很小，然而根据研究推测，1497年绕过好望角抵达印度的瓦斯科·达·伽马（Vasco da Gama）乘坐的“圣加布里埃尔号（São Gabriel）”，排水量也只有100吨到120吨。人类仅用排水量100吨的船只，就横跨半个地球，开启了“大航海时代”。但在400年后，“户田丸”号100吨的排水量显然还是太小了。不过正因为小，日本的船工才能在俄国人的指导下迅速完成建造。

另外两批船员搭乘的是美国的大船，其中最后一批因为正值英俄交战（克里米亚战争[1]），在日本近海被英军俘虏，直到战争结束才获释。

必须指出的是，由于当时欧洲各国在全世界都拥有殖民地，所以当欧洲开战时，不仅是欧洲，美洲和亚洲也会卷入战火。第一次世界大战时，日本军队也在中国的租界青岛和南洋诸岛[2]的殖民地与德国军队作战。

---

[1] 克里米亚战争（1853—1856年）：由于俄罗斯和奥斯曼帝国的冲突而引发，主要战场在黑海（沿岸就是克里米亚半岛）、巴尔干半岛等地，后来因英法支援奥斯曼帝国而参战（后来意大利的萨丁尼亚王国也参战了），战场扩展到波罗的海、堪察加半岛等地。英国护士弗洛伦斯·南丁格尔（Florence Nightingale）为在这场战争中的无私奉献而被誉为“克里米亚的天使”，享誉世界。

[2] 指马里亚纳群岛、马来群岛、加罗林群岛。——译者注

8 年内 6 度遣使

从年表中可以看出，日本德川幕府曾多次拒绝开国，但是中国（清朝）被英国击败的事实给日本带来了巨大的震撼。毕竟，中国自从遣隋使的时代起就是日本的楷模和导师。这个国家居然败了，让日本惊诧。

欧美列强则想要继中国之后，把琉球群岛和日本也纳入自己的利益范围。虽然从军事力量上看，日本根本不是其对手，但是在日本的萨英战争[1]中，也给对方造成了一定的损失。因此或许他们觉得，征服日本并不容易，又或许是列强之间相互掣肘，总之日本最终没有沦为殖民地，而是开始了与外国的交流和贸易。德川幕府从 1860 年到 1867 年期间，6 度向欧美派遣了使节团。在此期间，发生了以下事件：

1860 年，樱田门外之变[2]。

1861 年，长崎制铁所开始运营。

[1] 萨英战争，又称鹿儿岛炮击事件，发生于 1863 年 8 月 15 日至 17 日，英国政府为了促使萨摩藩出面解决当地发生的一起英国商人被杀的摩擦事件，交涉未果，而派遣军舰攻击鹿儿岛湾的炮击事件。此役中英国舰队因萨摩藩的炮击重伤一艘，中度损害两艘，包含舰长副舰长在内一共死伤 63 人。——译者注

[2] 樱田门外之变是发生于日本安政七年三月三日（1860 年 3 月 24 日）的一起政治暗杀事件，不满幕府大老兼彦根藩藩主井伊直弼的水户藩激进浪士，于江户城樱田门外刺杀了准备进城的井伊直弼。——译者注

1863 年，萨英战争。

5 名长州藩士为了留学英国而秘密出国（史称“长州五杰”，包括井上馨、伊藤博文等。所谓秘密出国，是指没有得到德川幕府的许可，但藩当局是知情的）。

1865 年，萨摩藩派出遣英使节团（秘密出国）。

1866 年，德川幕府解禁商业和留学的海外旅行。

1867 年，大政奉还。

还有很多大事件未被列入其中，笔者认为对日本后来的发展而言，重要的是这一时期有很多大事件发生，而且有很多日本人去了欧美。

明治维新：武士对武家社会的自我否定

第二个特点是，在幕末的日本近代化的景象中，没有商人（平民）的身影。

江户时代最有活力的是城下町的居民，特别是商人，而武士则是在幕府或各藩中，作为行政官僚，不参与生产和商业，与创新也几乎无关。

但正如前面的年表所示,能够应付高密度的外国交涉，能够几乎每年派遣使节到欧美进行谈判和学习，能够用西欧的知识建立铁厂和造船厂，有时日本会与外国爆发军事冲突，但未曾遭遇决定性失败的，是整个江户时期一直默默坚守着武士道的武士。也就是说，在幕末这个动乱的时代，武士突然登上了历史舞台，成为国家的支柱。

江户时代的结束，本应该是武家社会的终结。必须承认的是，明治的王政复古，或者说废藩置县（废藩意味着武士失去了收入）使得武士阶层从日本社会的上层，或者说从中央退了下来。

但在当时能够应对复杂的大环境的人，实际上也只有武士。笔者认为，只有深刻理解这种矛盾，才能理解江户、幕末以及明治的产业和经营。

当时能够读懂外语的，几乎只有（极少数）武士。而且，如果是武士的话，肯定能够读写高级别的日文（以及汉文，或者说当时的高级日文几乎都是汉文）。日本的武士由于承平日久，战力和战术都停留在 17 世纪前半叶的状态，可以说是“冻结”了，但是教养却相当高。

当然，并不是所有的武士阶层在幕末都有用武之地。但是，明治时期建立了超过 2 万所小学校，考虑到教师的招募和培养也来源于武士阶层，可以说教育的改革离不开武家。

话题

江户时代没有“藩”这个字

江户时代的人们，并没有使用“藩”这个字。“藩”是明治时代才开始用的字。废藩置县的“县”是普通名词，想要用普通名词来表示县之前存在的东西，却没有合适的名字。所以，他们就用了“藩”这个字来称呼自己的领地。

那么，在江户时代，人们使用的是哪些名词呢？

藩（领地）：领分——比如说，岛津家的领分。

藩士、藩的武士组织：家中——比如说，岛津家的家中，或者岛津侯的家臣。

大名的称呼：不是藩主，而是专有名词——比如说，岛津侯，或者淡路守。换句话说，这时的地域观念重点在于人口的归属。地理的边界和组织的重要性，是在幕末以后才显现出来的。

以村垣范正为例，看看幕末的人事变化有多么活跃

以村垣范正的生平为例。

1813 年，他出生在筑地，是一个旗本的次子。

1831 年，因为祖父的功荫，被德川幕府征召。

1854 年，他作为海防掛和虾夷地掛，巡视了虾夷地和桦太。

在俄国的普加金舰队再次来日本之际，他和筒井政宪、川路圣谟等人一起，作为俄国使者应接掛，赴任伊豆下田。

1856 年，任箱馆奉行。

出任从五位下的淡路守。

1857 年，为应对在阿伊努民族之间流行的天花，他代表德川幕府首次实施了大规模的接种。

1858 年，任外国奉行。

1859 年，任神奈川奉行。

1860 年，作为万延元年遣美使节副使赴美。

回国后，担任签订《日普修好通商条约》的全权代表（普是普鲁士，不久就成为德意志了）。

首先，身为旗本的次子，一般情况下，就会成为“终身被长子抚养的家属”，或充当别家的养子。但是村垣范正 18 岁的时候就和哥哥分家，开始了官僚生涯。这似乎与其祖父的功荫有关，但具体的细节已不可考。

村垣范正先后担任了几个职务，首先是海防掛和虾夷地掛，于 1854 年视察了虾夷地，目的是勘定日俄边界。回到江户后，恰逢普加金舰队第二次来日本，到访日本下田，他作为接待人员进行了接待。此时，他已经 41 岁了。在当时这个年纪退休也不奇怪，但是1856年他升任了箱馆奉行，还得到了从五位下淡路守的头衔。然后在1860年，他又出任遣美使节的副使，但是这时他的俸禄只有区区200石。

一般来说，200石以上才算是旗本，但村垣范正在此之前就已经是从五位下淡路守了。换句话说，淡路守和从五位下一样，都是用于表示他的职级和地位的。但是反过来说，也仅此而已，所以他没有年俸。他并没有统治过淡路岛，也没有从那里收到过米。

武家社会并不那么僵化

村垣范正的经历并不特殊。幕末时期，有很多这样优秀的武士被提拔到了德川幕府和藩的要职上。不过，无论是哪个国家、哪个时代都一样，非常优秀的人是少数的。所以一个人会不断地担任各种各样的职务，来适应时代的变化。从这个意义上说，村垣淡路守也许是一个“少数例外”的人物，但是这样的人在幕府和藩里也有很多，这就说明他这样的人并不是少数。

而且如果这样的人“很多”的话，就说明日本的武家社会，并不是只有僵化的身份制度，而是有一套能够超越家世，提拔有能力的人的机制，这个机制早在18世纪就已建立。这就是足高制，是德川幕府第八代将军德川吉宗的享保改革（1716年开始）的产物。

足高是做什么的呢？当时职务是和身份（家世）绑定

的，同时也和俸禄绑定。因此，如果想让身份低但有能力的人担任职务，就会出现这样的问题："必须提高俸禄（财政负担）""结果看起来好像家世也提高了（这意味着身份制度的崩溃）"。所以，这样的提拔人事很少见。

于是，他们制定了一项制度，只有在有能力的人担任重要职务期间，才能提高他们的俸禄，这就是足高制。这样既能减轻幕府的财政压力，又能维持身份制度的基础。实际上，自这项制度实施以来，就出现了不少人才的晋升。各藩也纷纷效仿这一做法。

换句话说，日本已经做好了为结束闭关锁国、与西方列强抗衡和交流的人事制度方面的准备。村垣范正的例子中，他获得了官位，被封为淡路守。也就是说，他的地位很高。但是，他的俸禄却没有增加。直到作为遣美国使节团的副使回国后，他的俸禄才从200石被提高到了500石。换句话说，在去美国之前，他虽然有着大名般的头衔，但是，他的俸禄却很低。他大概是旗本中最底层的吧。

这可能是因为德川幕府财政困难，但从另一个角度看，也证明了即使无法提高俸禄，也能让有才能的人担任要职。人才们虽然没得到俸禄提升，但得到了身份的"象征"，也就是"官职"和"某某守"。德川幕府不能提供金钱，但能提供有名誉和有意义的工作。这对武士来说已经足够了，他们不是唯利是图的群体。

武士是军人，所以放弃了攘夷

武士成为国家的支柱，还有另一个重大的意义。那就是，他们通过调查佩里和普加金的船只，凭直觉就明白了：如果打起仗来，日本会输。

他们曾主张尊王攘夷。幕府主张开国，勤皇派主张攘夷。但是，宫中的武士们，一旦真正接触到西方列强，也意识到了攘夷是行不通的。于是，为了弥补日本闭关锁国[1]250年的落后，他们从幕末到明治一直不间断地进行军备扩张。但是，只靠日本无法完成扩军，无论是知识还是技术都很缺乏，有时甚至需要从欧美购入军舰。所以，日本最终选择了开国。这是一种逆向思维，是为了能够在战争中不输给西方列强，才和西方列强开放贸易。

战争在某种意义上是和时间赛跑。从幕末开始，日本频繁地派遣使节出国，由此可以感受到武士们的紧迫感。“追赶、超越”，如若不然就会输……这不是指经济上的失败，而是日本会亡国的危机感。

[1] 闭关锁国（1616—1854年）：关于闭关锁国的开始时间有多种说法。1616年是限制除了明朝以外的贸易船只能在平户停靠的年份。日本首次锁国令是1633年。在日本闭关锁国期间，外国贸易并没有完全中断，琉球（现在的冲绳）贸易、出岛（长崎）的荷兰、中国贸易、对马的朝鲜贸易、松前（北海道）等地有山丹人（俄国的民族）在进行贸易（不过，贸易品主要产自中国）。1854年签订《日美和亲条约》结束了日本闭关锁国的历史。

商人没落的原因——没有赢家的革命

接下来，谈谈商人们的情况。

1789 年开始的法国大革命是一等公民（神职人员）与二等公民（贵族）和除此之外的市民（其实是工商业者中的实权人士，也就是所谓的资产阶级）之间的权力斗争。历史上日本的商人们似乎不染指权力，关于这点在此不展开讨论，但商人们积累了财富，这要归功于和平。

到了幕末，和平被打破了。内战、攘夷、开国、军备接连发生。为了筹措这些费用，幕府和各藩向商人们要求提供资金。商人们之前作为御用商人获得了利益，所以，他们不能拒绝。如果拒绝了，就会被除名。结果，商人们的财力急剧下降。

而这种日本式筹资的一个大特点是“赢家也还不了钱”。一般情况下,战争的赢家会得到赔偿金等,以用于偿还借款。中世纪到近世欧洲的情况就是这样，所以，国王才能向银行和商人贷款打仗。明治维新虽然也发生了战争，但是无论是幕府军还是勤王军,哪方赢了都不会增加领地或利益。如前所述，武士阶层在明治维新的过程中否定了自己的存在。所以，至少从经济上来说，这是一场没有赢家的战争。

法国大革命的理念据说是“自由、平等、博爱”，但其中比如平等，是指市民（其实是资产阶级）和神职人员、贵族平等，如前所述，这实质上是一种权力斗争，增加了权力的阶层或集团是赢家。反观日本的明治维新，其最终目的是不输给欧美列强，所以虽然也有内部的权力斗争，但意义不大。也就是说，明治维新不仅没有经济上的赢家，也没有权力斗争。

这样看来，武士阶层是以非常“高尚”的精神，完成了明治维新这场革命。这种精神，和德川幕府250年间，武士阶层作为武士，不打仗而治理国家的风格，基本上没有变化。而作为资金来源的商人们，一言以蔽之，就是衰落了。虽然不是完全没有人获利，但是几乎所有的商人都输了。

三井和住友是幸运的例外

不过，三井和住友在明治时代仍得以继续发展，它们是幸运的例外。

首先说三井。三野村利左卫门被称为三井的“中兴之祖”。他的生平如下：

1821年，出生于日本山形县，其父亲是庄内藩的浪人，与儿子一起四处流浪。

1840年左右，成为旗本小栗忠高的中间[1]（侍奉武士，但是没有俸禄的职务）。

1845年，被商人收为养子。

1855年，买下了兑换商的股份（经营权）。

[1] 中间：被武士雇用的杂役。非武士身份。

1860 年，利用小栗忠高的继承人小栗忠顺提供的货币改铸的消息，囤积天保小金币，赚取了巨额利润。

1866 年，应三井家的请求，与德川幕府谈判，成功减免了 50 万两的御用金。谈判的对象是小栗忠顺。

三井家重视他与小栗的关系，邀请他参与经营。

1868 年，小栗失势。三野村努力与维新政府建立关系。

这样一来，就有必要顺带讲解一下小栗忠顺是什么样的人了。他的生平如下：

1827 年，出生于 2500 石的旗本之家。

1853 年，担任诘警备役（处理外国船只事务）。

1855 年，继承家督之位。

1859 年，被封为丰后守（从五位下）。

1860 年，作为副使，随遣美使节团出访美国。回国后，任外国奉行。

1862 年，任勘定奉行。从丰后守改任上野介。负责建造了日本第一个西洋式的火药工厂。

1865 年，开始主导建设横须贺制铁所。设立了横滨法语传习所（因为制铁所长是法国人）。

1866 年，与西方列强进行关税率改定的谈判。设立了兵库商社[1]。1867 年，大政奉还。

1868 年，被免职，送还日本群马县。后被斩首。

[1] 目的是垄断海外贸易。三井有计划出资。

根据芳贺徹[1]的说法，小栗忠顺是幕阁中最开明的英才。这一时期，德川幕府为了加强日本的海军力量，从各国购买了 44 艘舰船，还建造了火药工厂和制铁所（后来成为造船所）。小栗可以说是奠定了明治日本军事力量的人物。东乡平八郎[2]在日俄战争后，邀请了小栗的遗属，向他们表达了感谢。他说，如果没有小栗，对马海战日本就会输给俄国。

三野村并非三井的“内部培养人才”

小栗年轻时，三野村利左卫门是他府上的中间。三野村比小栗年长 6 岁，小栗是个早熟的才子，虽然二人身份不同，但二人的关系可能近似于发小。因此，三野村才能从小栗处获得货币改铸的内部消息，以及替三井与小栗交涉免除幕府要求的御用金。

或许正是因为免除了御用金，三井家才没有走向没落。但是，这样的功臣被称为中兴之祖，总觉得还有点不够格。正如后文将提及的，三野村在三井银行的成立等方面也是有功之臣，所以强调那方面的功绩或许更好。但不管怎样，三井能够在幕末明治维新中存活下来，似乎不是靠什么战

[1] 芳贺徹（1931—2020 年）：专业是比较文学。历任东京大学教授、京都造形艺术大学校长等。顺便一提，他是笔者大学一年级时的法语老师。

[2] 东乡平八郎（1848—1934 年）：元帅、海军大将。在日俄战争（1904—1905 年）中担任联合舰队司令长官，击败了俄国，在海外也被视为英雄。顺便一提，“联合舰队”是指日本海军的多个舰队的联合，不是与其他国家的联合。

略或者竞争，而是靠着“不择手段”。也许，在日本大多数豪商没落了的背景下,能够生存下来就已经非常了不起。

为了维护三野村的名誉，应该提一笔他曾经想要给失势的小栗提供资金供其亡命，但小栗没有接受。而且在小栗死后，三野村一直照顾他的遗属。另外在三井，他推行改革，阻止三井一族干预业务，这就是所谓的“资本和经营的分离”[1]。这是一项会招致三井家族反感的工作，由此可见，他并非只顾个人得失的人。

住友拿下了别子铜山

住友家的主营业务是铜山，这似乎让他们免受一般商人们的苦劳。然而，江户时代的主要矿山都是天领[2]，即德川幕府的直辖地。这意味着，其商业模式[3]不是住友家拥有别子铜山的产权，而是德川幕府委托住友经营。

明治维新之后，天领被收归政府管辖。这时，负责别子铜山的住友家代理人是广濑宰平。他与新政府谈判，住友家得以继续经营别子铜山。

广濑后来成为了住友家的首任总理人。他是从内部晋

[1] 资本和经营的分离：是株式会社的基本特征，具体操作包括“股东有限责任”“股票的发行”和“资本和经营的分离”。出资者不参与经营，而委托给执行者，只享受利润的分配。

[2] 这个词是明治时代才出现的，和藩的概念相对。

[3] 商业模式：没有明确的定义，一般指的是业务的实施方法。比如便利店的特许经营方式，就是零售业的一种商业模式。

升上来的，11 岁就开始在别子做伙计。广濑能够成功谈判的原因，笔者并不十分清楚。但是可以肯定的是，他和三井家的三野村利左卫门一样，不是靠什么战略或者逻辑。虽然广濑为了拿下别子费尽了心血，但住友家的大阪本店却想要把它卖掉。原因有二：首先是别子没有盈利，其次是住友家此时整体上面临着资金的困境。广濑设法阻止了这次出售，否则，可能就没有现在的住友集团了。

认为企业的成败取决于一个领导者的行为这种想法，听起来像是城山三郎[1]先生的小说，而不是经营学。但是回顾这个时期的三井家和住友家，还是不得不佩服三野村和广濑。他们的行为能够解释后来很多事情的发展。这也许说明,三井家和住友家的旧势力已经失去了作用,或者说,他们的作用已经发生了变化。这一时期，无论是公司还是经营，都处在一个动荡不安的时代。

[1] 城山三郎（1927 年 8 月 18 日—2007 年 3 月 22 日）是一位知名的日本作家，专长于创作经济小说、传记小说、历史小说。曾经获得多个奖项，很多作品被改编为电影和电视剧。——译者注

8. 幕末至明治初期的经营者与企业概述

以下参考山口昌男的著作简要介绍这一时期陆续涌现的经营者和企业。

尾高惇忠（1830—1901 年），武士（武藏国）。父亲是名主。妹夫是涩泽荣一。应涩泽之邀，担任富冈制丝厂的草创期的负责人（1872 年，国营）。

井上馨（1836—1915 年），元老，长州藩士。1863 年赴英（长州五杰之一）。创立先收会社（三井物产的前身）。

中村道太（1836—1921 年），吉田藩（现在的丰桥市）藩士，曾任丸屋商社（现在的丸善）的首任共同社长（1869 年），横滨正金银行首任总裁（1880 年，大股东）。

早矢仕有的（1837—1901 年），岩村藩医，参与创立横滨正金银行、明治生命。

福泽门生

安田善次郎（1838—1921 年），富山藩下级武士之子。1858 年以奉公人身份离开江户，5 年后独立，创立安田银行[1]、安田生命、东京建物等。19世纪70年代以后，涉足钏路铁路、钏路煤田、钏路港等。

马越恭平（1844—1933年），备中（冈山县）的医家之子。不知为何成为鸿池的丁稚。后来成为三井物产的高管。将日本啤酒、札幌啤酒、大阪啤酒3社合并，创立大日本啤酒（1906年），并担任社长（日本啤酒在合并时陷入经营危机）。后来任众院议员。

佐久间贞一（1846—1898年），旗本（500石）之子。曾参加彰义队[2]。与他人共同创立秀英舍[3]（1876年）。

益田孝（1848—1938年），出生于佐渡。父亲是箱馆奉行所的职员，后来迁往江户。曾在美国公使馆工作。1863年，与父亲一同随欧洲使节团出访。1867年，成为旗本。明治维新后从事出口贸易。在井上馨的介绍下，1872年进入大藏省（现在的财务省）。1873年，与井上一同下野。1874年，成为井上创办的先收公司东京本店的副社长，后来又出任三井物产的首任社长，再后来，担任了三井合名公司的理事长。

伊庭想太郎（1851—1903年），唐津藩士。曾任日本储蓄银行行长（1895年），并在其他领域也有所建树，如东京农学校校长、江户川制纸厂厂长、长生社社长。他以

[1] 后来的富士银行，现为瑞穗银行。

[2] 明治维新时期江户地区的一支拥护幕府的武装部队。——译者注

[3] 后来的大日本印刷。

教育家的身份而闻名于世，他的主要弟子有佐藤铁太郎（海军中将、贵族院议员）和小笠原长生（海军中将、子爵）。

岩下清周（1857—1928年），松代藩士的次子。1878年，入职三井物产，后来成为三井银行的经理。

话题

长州五杰

1863年，以长州（现在的山口县）藩命令为名，5名藩士秘密前往英国留学。他们是井上馨、远藤谨助、山尾庸三、伊藤博文、野村弥吉（井上胜）。由于长州与西欧各国有发生武力冲突（下关战争）的危险，井上馨和伊藤博文为了避免战争，于次年回国，但最终没能阻止战争的发生。

武士居多

仔细观察可以发现日本近代企业家之间有一些共同点。首先，他们中有很多是武士出身。当然，武士也有不同的种类。安田善次郎的父亲是靠购入股份（身份）而成为武士的人。他实际上是个农民，所以虽然是武士，却让儿子善次郎到江户去做商家的伙计。马越恭平出身于医师世家，但却在鸿池公司当伙计。三野村利左卫门的父亲是浪人，后来成为旗本小栗忠顺的家臣。这说明即使是在当时的身份制度下，社会还是有一定的流动性的。

相反，涩泽荣一虽然出身于中产阶级的农家，却成为了德川庆喜[1]的部下，被视为武士。岩崎弥太郎是地下浪人。这是土佐藩特有的身份，虽是武士，但不是领主的家臣。有些人（或家族）卖掉了自己的身份（股份），就变成了地下浪人。但弥太郎却在土佐藩经营的海运公司工作。也就是说，涩泽和弥太郎都是在保证了自己作为武士的社会地位（身份就是职业）的同时，以武士的身份地位从事着工作。

如前所述，武士或者成为武士的人能享受“拔擢”（选拔提升）的制度，这激励了武士（或者成为武士的人）们活跃。

行政官僚和外国通

明治政府初期缺少的人才是“行政官僚”和“外国通”。明治政府的主力是所谓的萨摩、长州、土佐、肥前（现在

[1] 德川庆喜（1837—1913年）：德川幕府第15代将军。末代将军。1868年（明治元年），明治政府规定德川家的领地为德川家康的故乡骏府藩（现在的静冈县）后移居至骏府。

的鹿儿岛、山口、高知、佐贺）出身的人，他们没有中央政府官僚（典型如旗本）的经验。所以他们需要曾为幕臣的旗本或者御家人，或是他们的家臣，涩泽荣一就是这样的人。不过涩泽是个例外，他是中等水平的农家出身，当时担任过行政官僚的人基本上都是武士。

当时到过外国的人还不多。日本人的外游是从1860年的遣美使节开始的，此时25岁的军舰奉行从者福泽谕吉乘坐着咸临丸号护卫舰出海远行。福泽22岁的时候就是兰学[1]家绪方洪庵创办的适塾（大阪）的塾长，后来在中津藩（现在的大分县中津市）的江户宅邸开办了教授兰学的一小家塾（这就是后来的庆应义塾）。也就是说，此时福泽谕吉虽然只有25岁，但不是“随从”，而是作为一流的学者访美。他在幕末时期先后共出国3次。

福泽凭功劳被封为旗本。在明治维新后，他专注于庆应义塾的教育，拒绝了明治政府的任命，也没有涉足商业（他创办了时事新报，但不是为了营利而创业）。但是，他的弟子和学生在明治时代大放异彩。“同窗之情”在那个时代比现在要强得多，帝大、庆应、一桥从明治初期就是名牌大学……这在今天也是一样。

亲自到过外国并且参与企业经营的有涩泽荣一、井上

[1] 兰学指的是在江户时代，经荷兰人传入日本的学术、文化、技术的总称，字面意思为荷兰学术（Dutch learning），引申可解释为西洋学术（简称洋学，Western learning）。——译者注

馨、益田孝。其中，井上馨是后来的元老院议长，但他出身于与幕府敌对的长州藩，所以，他没有随遣欧使节出国，而是作为长州五杰之一，以半偷渡的身份去了英国留学。正因为有了井上的“引荐”，益田孝才得以从旗本转为外务省官员，再进入三井财阀，走上了后来的精英企业家的典型道路。

涩泽荣一出生于北关东的一个富裕的农民家庭，后来成为幕府的家臣（德川庆喜的家臣），1867 年作为遣欧使节的成员之一出访，是正使德川昭武的随从。德川昭武是德川庆喜的弟弟，他们出发时是 2 月，德川昭武当时只有 13 岁，相当于现在的初中一年级。但是有些资料写的是 14 岁，可能是因为当时的年龄计算方法和现在不同。

日本使节团在法国马赛的合影照片中，可以看到昭武坐在中央，身材非常矮小，他是唯一一个坐在台座上的人，台座上还放了一把华丽的椅子。不管怎么看，他都是孩子，与其说比当时的同龄人矮小，不如说是因为中学生被大人们簇拥在正中间，所以才显得矮小。昭武虽然是使节代表，但 13 岁的他并无实权，只能依靠德川庆喜派来的得力助手涩泽。

他们在法国巴黎的时候，日本发生了明治维新，德川幕府被推翻，明治政府下令让他们回国。涩泽回到日本后，先去了庆喜所在的静冈藩，然后又在那里建立了一个藩营的商业机构（公司）。

三野村也在静冈

顺便一提，这个商业机构在 1872 年就解散了，业务被移交给了静冈县，但是涩泽在经营这个机构的时候，得到了三井的三野村利左卫门的协助。随后，三井接手了这个机构的业务。令人意外的是，三野村和涩泽荣一之间有着紧密的联系。涩泽在 1869 年出仕明治政府，而国营富冈制丝厂[1]的运营是从 1872 年开始的。制丝厂的负责人是涩泽的大舅哥，同乡的尾高惇忠，尾高也是涩泽年轻时的学习导师。而这个制丝厂也被转让给了三井。

另外，如前所述，三井在 1866 年就打算投资小栗忠顺创立的兵库商社。

三野村利左卫门，真是了不起的人物啊。

[1] 国营富冈制丝厂：1872 年（明治五年）开业的制丝工厂，用机器生产高品质的丝绸，主要用于出口。1893 年被明治政府转让给三井，后来又经历了两次变更经营主体，一直运营到 1987 年。2014 年被列为世界遗产。

9. 明治时代的三井危机和三野村解决危机

三野村的另一个功绩是解决三井的危机。明治政府把财务省以外的公款（包括地方的）的处理委托给了三家公司，分别是小野组、三井组和岛田组[1]，它们被称为汇兑方。这三家公司相当于承担了代理“国库”的职能。

如果用资产负债表来表示的话，政府的预收账款就是负债。那么资产呢？有三种，第一种是运营资产，也就是把预收账款借出去，赚取利润；第二种是自己的业务资金；第三种是交给国家的抵押，多数是公债。

抵押增额令与豪商的破产

抵押增额令最初的抵押比例是很低的，但明治政府为了预备与清朝的战争（也有资料认为是为筹备西南战争），为了筹集战费，于 1874 年（明治七年）将抵押比例提高到

[1] 小野组、岛田组：和三井组齐名的江户时代的豪商。17 世纪中期，小野在近江（滋贺县）起家，岛田组在京都创业。如正文所述，因为明治政府的抵押增额令，于 1874 年破产。

了100%。如果豪商不能提供这样的抵押，就必须归还国家的借款。

不管怎么想，100%都是不合理的，但既然是国家的命令，就只能服从。于是，小野组和岛田组因无法还款而破产。其实本来就不可能还得起，这就像是一场注定的悲剧。

但是，三井却幸存了下来。为什么呢？武田晴人指出了以下几点原因。

· 三野村利左卫门从井上馨那里提前得到了消息

· 三井组用三井银行的股票作为抵押，从东方银行[1]贷款还清了公款

· 1876年，三野村无力偿还东方银行的贷款，只好向大隈重信求助，请求政府代偿

这真是个匪夷所思的故事。明治政府对外资实施了严格的管制，按理说，三井组是不可能从东方银行借到钱的，但事实上却做到了。

而且，借款的抵押品竟然是三井银行的股票，如果还不上，东方银行就能拿走三井银行的股份。细究起来，当初从东方银行借款时，三井银行还没成立呢。这中间肯定有什么见不得人的交易。如果借款违约，东方银行就能控制日本三井银行，这也是违反规定的。在政府内部，一定有人睁一只眼闭一只眼。

[1] 英国东方银行（Oriental Bank）：1842年成立，最初在印度经营，后来在全球各地设立分支机构。曾向德川幕府和明治政府提供贷款（明治政府继承了部分幕府债务）。1892年破产。

三井，一直被政府牵着走

顺便一提，三井在金融领域也屡遭政府摆布。在政府（井上馨和涩泽荣一）的指示下，（小野组和三井各自出资 100 万日元，其他方面出资 44 万日元）成立了第一国立银行，负责国家的公款收支。因为有了这家银行，国库出纳机关 3 家汇兑方公司就不再处理财务省的资金了。本来是由三井负责建立中央银行，因遭到了伊藤博文喊停而未果。

与此同时，井上和涩泽又让三井成立了第一国立银行[1]。但由于前文所述的汇兑方抵押问题，小野组破产了，三野村想要控制第一国立银行，却被涩泽担任了总裁而未能如愿。

井上只要从三井得到好处，就会给予方便。而涩泽却不是那样的人。2024 年上半年启用的新版 10000 日元纸币上就印着涩泽荣一，可见其贡献之大，正因为如此，人们对涩泽赞美有加而罕有批判。笔者认为应该对涩泽进行更冷静中立的评价。

[1] 第一国立银行：日本最古老的银行，也是日本第一家股份公司。1873 年成立。虽然叫国立，但并不是国家设立的，而是以当时美国的国法银行的行为模式为参照而设立的民间银行。第某某国立银行和美国的国法银行一样，发行了自己的纸币。1896 年，改组为第一银行（纸币统一为日本银行券），1943 年和三井银行合并为帝国银行，1948 年分割为第一银行，后来成为第一劝业银行，再后来成为现在的瑞穗银行。

三野村利左卫门，三井家的“政商”

就像在幕末时期紧紧追随幕府一样，三井家在这个时期也紧紧追随明治政府。比如，他们给伊藤博文借了钱，但其实伊藤只是用这笔钱在京都挥霍游玩。还有，他们利用以通货紧缩政策闻名的松方正义[1]的关系，给现在所谓的宗教法人也提供了贷款。这样一来，三井家的贷款坏账率就非常高。

不过，他们肯定是觉得，给伊藤借钱和利用松方游说，都会获得利益上的回报。经济史或者经营史的书常说三井和三菱都是“政商”。也就是说，他们是那种靠亲近权力来获取利润的商人。这种商人在欧洲早在中世纪初期就有了，而日本也有这样的商人。

笔者觉得三野村利左卫门就是作为政商的三井的代表人物。他承担了三井家的继承人做不了的，所谓的肮脏的工作。

三野村在三井没有中层管理的经验，是被挖掘的专业经营者。他靠着和小栗忠顺的关系，把三井从德川幕府手中救了出来，又靠着与井上馨和大隈重信的关系，把三井

[1] 松方正义（1835—1924年）：萨摩藩士。出身低微，但因为有才能，被岛津久光重用为亲信。1866年担任藩军舰长。明治政府时期，1868年担任日田县（现在大分县的一部分）知事，后来成为大藏官僚。1881年，大隈重信因为其积极财政政策失势，松方就任大藏卿（大臣），实行了被称为“松方通货紧缩”的财政政策。1882年建立日本银行。1891年和1896年两次出任首相。

从明治政府手中救了出来。就算是学习或者研究经营学的人，也不太明白三野村为什么被称为三井的“中兴之祖”。但是毫无疑问，三野村是在经营三井，而且经营得非常出色。

顺便一提，井上馨曾一度于 1873 年下野，此时益田孝也辞官，于 1874 年和他共同成立了一间名为先收公司的商社。1876 年井上重返政界，这家公司就解散了。但是，三井的三野村还有大隈把这家公司连同益田一起收入了三井组，这就是后来的三井物产。

10. 三菱是新兴势力

在前史部分的最后，是时候谈谈三菱了。它和三井、住友一起被称为“三大财阀”。但正如前文所述，实际上“先驱者”们在幕末明治维新的变革中，受到了当权者（幕府、藩、明治政府）的牵制，有许多都没能保持繁荣。因此，三井和住友能够存活下来就已堪称不可思议的奇迹了，此后又有新兴势力登场。因此在企业经营方面，明治维新时期也给人一种“断裂”的感觉。

在新兴势力中最为出色的就是三菱，其创始人是岩崎弥太郎（1835—1885 年）。他出生于土佐的地下浪人（自称武士，但无主公）之家，因此不是藩士。在当时的身份制度下，他是不可能有出头之日的，所以他勤奋学习，远赴江户求学。

岩崎弥太郎在土佐藩隐居期间（大约是在 1856 年）进入吉田东洋[1]开办的少林塾学习，他的同窗有后藤象二郎、板垣退助、福冈孝弟等人。正是有了东洋的推动，土佐藩的政治改革才得以顺利进行，同样进行了改革的萨摩藩、

[1] 吉田东洋（1816—1862 年）：土佐藩的高级藩士。推行藩政改革，培养了开国派的后藤象二郎等人。在土佐藩被主张尊王攘夷的勤王党暗杀。

长州、土佐、肥前四藩最终成为了明治维新的领导者。弥太郎与明治政府的联系，也是从少林塾开始的。后来，东洋恢复了藩职。

弥太郎能够得到藩职，也多亏了东洋的帮助。1858 年，他为了收集海外情报，前往长崎赴任。当时长崎已经有了一座制铁厂,后来成为了国营长崎造船厂,最终被三菱接手。弥太郎因为擅自返回土佐而被解雇,这或许也是一种幸运。因为就在此期间，吉田东洋被勤王党暗杀了。这是一个对个人来说朝不保夕的时代。

1865 年，私塾同窗后藤象二郎担任了藩的要职，弥太郎也跟着复职了。1867 年，他再次随同同是东洋门生的福冈孝弟前往长崎，在藩设立的公司——开成馆长崎商会担任主任一职。设立这家公司的目的是替土佐藩从外国进口武器弹药和船只，为了节省购买费用，同时还出口樟脑等物品。樟脑是日本当时除了贵金属之外最大宗的出口品。

另外，在长崎进行武器进口的不仅仅是土佐藩。其主要交易对象是德意志联邦（后来的德意志帝国）的 Kniffler 商会，从该商会购买武器的还有萨摩藩、小仓、肥前、大村、福冈、细川等藩。德川幕府是一个军事政权，各藩也是一样，由武士这样的军人进行统治。就像幕府在浦贺见到了蒸汽船后意识到科技差距一样，这些藩的武士们看到了洋枪后立刻意识到了军事力量的差距，不愧是军人。所以，他们即使勒紧裤腰带，也要拼命地购买武器。

明治时代到来后，明治政府禁止了藩营商会所，于是，土佐藩的人们就以自己的名义创办了公司，从藩那里接收了三艘船。这就是成立于1870年的九十九商会，也是三菱的创业之始。此时至少在形式上弥太郎还不是九十九商会的人，而是藩的人。九十九商会实际上也是藩的公司。商会后来成为了日本邮船（公司）。虽然名字中不带三菱，但它是现存的三菱集团企业中成立最早的一家。

迅速多元化的原因

那么，像三菱这样，从幕末到明治时代都很成功的公司，有一个很大的特点，即能够“迅速推进多元化”。这是因为日本开国之后世界发展了250年间积累的各种各样的产业同时涌入。

比如，三菱的创业之始是前述的1870年的九十九商会，主要业务是海上运输，但不仅仅是运输，还有商业。如果是江户时代的话，三菱应该像三井一样，先从商业（吴服商）开始，然后再进军江户，运输业务是商业之后才新开的。但是，幕末的三菱最重要的经营资源是汽船，其主业是海运，兼营商业。更有趣的是，1871年，九十九商会租借了纪州新宫藩营的煤矿，进军采矿业。

自幕末以来，日本的船只（无论是军舰还是商船）都变得越来越大，从帆船演变成了汽船[1]。这就意味着，对煤炭的需求突然增加了。各个藩为了应对这种局面，也为了改善藩的财政状况，纷纷开发煤矿。因为以前也有一些地方有利用煤炭制盐的传统产业，所以开发煤矿很快取得进展。而对于像九十九商会这样拥有汽船的公司来说，开发煤矿也是一种垂直整合的策略。因此，它才租借了新宫藩的煤矿。

三菱真正涉足煤矿业是从1881年（明治十四年）的高岛煤矿[2]开始的。看起来有些晚，但其实它有一段“前史”。

1868年，佐贺藩和Glover商会开始开发高岛煤矿。

1870年，Glover商会破产。

1871年，随着废藩置县的实施，高岛煤矿的开发合同由明治政府和荷兰商社（出岛）签订。

1872年，颁布《矿山须知》（规定外资不能进入采矿业）。

1873年，颁布《日本矿法》（同样是禁止外资涉足采矿业）。

1874年，高岛煤矿被明治政府没收（国有化）。

1874年，高岛煤矿被转让给后藤象二郎。

也就是说，高岛煤矿是后面要详细介绍的国家转让给私人的资产之一。而促成后藤象二郎将权益转给弥太郎的

[1] 严格来说，尤其是早期，是装有蒸汽机的帆船。在海湾和港口，为了方便转向，就使用蒸汽机。一旦出海，就利用免费的风力。就像现在的混合动力汽车一样。

[2] 高岛煤矿：位于现在的长崎市的海底煤田，是三菱的主力煤矿之一。全盛时期是20世纪60年代。1986年封山。被列为世界文化遗产。

人，是福泽谕吉。多亏了他，后藤才得以偿还欠明治政府的债务。另外，三菱于 1890 年从旧佐贺藩主那里买下了与高岛煤矿毗邻的端岛（军舰岛）[1]。

1888 年，三井在与三菱竞争后，竞得了 1873 年被国有化的三池煤矿[2]（位于福冈县、熊本县）。工部省的技术官僚团琢磨在国营时期被派到三池煤矿，后来，他成为了三井财阀的总裁。随着 1888 年三井中标三池煤矿，他辞官后“转会”到了三井组成为煤矿负责人。

另外，在 1873 年，三菱商会收购了吉冈矿山。这里是 18 世纪初期住友拥有的铜矿，因为维持成本过高，而且别子矿山（由别子铜矿改名而来）运营顺利，所以被放弃了。当地产出铜和赤铁矿（氧化铁。颜料、玻璃磨削剂）的原料，即硫化铁，1873 年时的所有者是松山藩藩主的板仓家。

然后在 1875 年，美国人沃尔什兄弟在神户建立了纸浆工厂。他们原本是商人，1858 年弟弟约翰来到长崎，后来，约翰还担任了首任美国长崎领事，弥太郎是他在长崎的生意伙伴。这个工厂最终没有成功，由弥太郎之子久弥接手。后来成为了三菱制纸。

就这样，在欧美已经发展“成套”的产业，在这段时

[1] 端岛（军舰岛）：与高岛煤矿相邻的三菱的主力煤矿。世界遗产。1916 年建造了日本第一座钢筋混凝土造的集合住宅，它是在沿岸填埋和混凝土堤防造成的狭长岛屿，因此得名“军舰岛”。1974 年封山。

[2] 三池煤矿：三井的主力煤矿。与高岛煤矿、端岛等共同构成世界遗产。1997 年封山。

间内在日本遍地开花。

财阀型多元化的特征

在这里，笔者要提出一个根本性理论。像财阀这种非发达国家的企业集团在多元化的过程中，其新开展的业务内容往往是互相没有关系的（非相关多元化[1]）。相反，发达国家企业的多元化是新开展的业务与现有业务相关（相关多元化）。

财阀为什么要多元化到非相关领域呢，原因是：

· 自身本来就没有和新业务直接相关的经营资源（技术、客户等）

· 如果能在国内获得高收益，资金就会很充裕

在这种情况下，财阀就会用充裕的资金，进入自己不一定擅长的非相关业务，如果运气好，就可以实现竞争对手少、收益又高的局面。而且，新进入的业务是发达国家已经验证过的，所以进入的风险也不是很大。

另外，日本的国情是，明治政府对外资有限制，所以至少在日本国内，几乎没有发达国家企业参与竞争。可以说是易于多元化的经营环境。

---

[1] 非相关多元化：指与现有业务毫无关联，无法利用现有业务的管理资源的多元化。

话题

岩崎弥之助与岩崎久弥的美国留学

1885 年（明治十八年），在岩崎弥太郎去世后，年仅 34 岁的弟弟弥之助接任成为第二代社长。1872 年（明治五年），弥之助在沃尔什兄弟的牵线下，赴美国康涅狄格州留学。1894 年（明治二十七年），他让儿子久弥继承了三菱的社长之位，自己则退居幕后，担任三菱的顾问。1896 年（明治二十九年），出任了第四任日本银行总裁。

岩崎久弥（1865—1955 年）10 岁就进入了庆应义塾（这当然与弥太郎和福泽谕吉的交情有关），后来又赴美国宾夕法尼亚大学深造。他 29 岁就成为了三菱的社长。

由此可见，弥太郎认为继承人必须具备海外留学背景。如前所述，旧幕府和明治新政府的要人中，有海外经验的人很多。弥太郎可能是受此影响。

谁是冒险家?

但实际上，各种各样的业务，都有可能失败。毕竟，当时的日本企业需要在不依靠外国企业的帮助下开创新领域，即使是“别人已经取得成功的商业”，那个“别人”也是外国人，他们绝不会给日本人指路。

美国的工业革命和技术进步，有人说起源于有英国人违反了禁令，来到美国建立纺织厂；也有人说是法国大革命后，一个叫杜邦[1]的人的儿子逃亡到美国，创立了一家延续至今的化学公司；还可能与为了躲避纳粹德国的迫害，大批的犹太人等知识分子逃往美国有关。

相比之下，日本企业能够使用的方法就很有限了。要么雇佣外国人，要么雇佣学成回国的留学生，如果这些留学生当了大学教师的话，就雇佣他们的学生……大概也就这些人才可以用。所以，日本的丝绸纺织业虽然一度是主要的出口产品，但因为粗制滥造而口碑不佳。于是，日本政府请来了法国人保罗・布吕纳（Paul Bruna），在富冈建立了国营工厂，更准确地说是请求他帮忙建立。也就是说，因为是对不太了解的业务进行投资，所以特别是在初期，风险很高。而承担这种风险的，往往是国家。

[1] 杜邦（DuPont de Nemours, Inc.）：1802年成立的美国化学公司。创始人埃・艾・杜邦・德内穆尔（E.I. Du Pont de Nemours）师从近代化学之父拉瓦锡，成功制造了黑色火药。

发展中国家想要促进产业发展一般有两种方法。其一是引进外资，但日本禁止外资进入，于是采用了第二种方法，也就是自力更生，方式是国营或民营。当时拥有业务投资资金的是国家，令人感到意外的是，旧大名们也拥有雄厚的资金。大名在废藩置县的时候，得到了很多的赔偿金，而且还成了贵族。这是明治维新这场革命的有趣之处，败者并非完全失败。相反，“获胜”的萨摩藩、长州、土佐、肥前的大名们似乎也没有得到明治政府特别的优待。

政府对特定企业的大力支持

先谈国营。如前所述，明治政府和德川幕府一样，都由武士集团统治。当时日本面临的最大威胁是被西方列强打败。所以，军事工业、矿山，还有早期的铁路事业，都由明治政府自己经营。尤其是军事不能依赖外资。

其次是民营企业，但此时的日本企业没有技术，能做的行业就只剩商业和金融，和中世纪佛罗伦萨的美第奇家族一样。

有人可能会对这种说法感到不满，仿佛笔者把商业和金融说成不需要高度专业知识的行业，但在当时确实如此。三井等大商人在幕末时就已扩大金融业务，主要是处理公款和给批发商贷款。处理公款是直接受明治政府的委托而进行，对接的政府机构是金谷出纳所，即后来的大藏省。

这一机构最初的业务就是“向京都市内的豪商和寺院征集财政资金”。德川幕府和欧洲诸侯不同，没有对商业征税的制度。所以，钱不够的时候，就找各种理由，从豪商等那里征收“御用金”。如前所述，三野村利左卫门替三井向小栗忠顺求情使其减少了御用金的数额。在明治时代，三井、小野组和岛田组一起承担了明治政府的公款处理业务，但代价是他们需要向明治政府捐赠巨额资金。

换句话说，他们之所以能得到日本政府的委托，是因为他们对日本政府有用。他们渴望与日本政府建立紧密的联系，而日本政府也同样需要依赖富有的民营企业。明治时代比江户时代中央集权更甚，政府规模也更大。因此，商人如果能够为政府工作，就能扩张自己的业务。与政府有关联的企业，就能壮大起来。所谓的“政商”——不单只做商业（还要和政府打交道）的商人——就是这样诞生的。

日本政府并非铁板一块

这种商业模式的缺陷是，日本政府的政策可能会突然改变。小野组和岛田组就是因为失去了公款处理（汇兑方）的业务而破产了。而日本政府内部也存在派系之争，哪一派掌权会影响哪些政商能够得势。

以前述的日本邮船为例进行说明。

1867 年，岩崎弥太郎担任了土佐藩开成长崎商会的主任。

1870 年，随着藩营商会所被下令关停，他成立了民间企业性质的九十九商会，并从藩购入船只，进军海运业。

1871 年，九十九商会租借了纪州新宫藩营的煤矿。

废藩置县，藩的船只被收归国有。这些船只成为次年成立的邮政汽船公司的资产。

1872 年，大藏省（主要是大隈重信、涩泽荣一牵头）和汇兑公司（主要是三井）成立了日本国邮政汽船公司，其目的是对抗外资海运公司。

1873 年，九十九商会更名为三菱商会。

井上馨、涩泽荣一、益田孝下野。井上和益田在次年成立了先收会社（后来的三井物产）。

1874 年，三菱商会更名为三菱蒸汽船公司。

1874 年日本侵略台湾事件[1]发生时，外资拒绝提供船只给日本。明治政府打算委托日本国邮政汽船公司进行航运，于是购入大型船只。但是，日本国邮政汽船公司不愿意让三菱分走国内的市场份额,拒绝向明治政府提供船只。大隈重信向弥太郎求助，明治政府于是委托三菱提供了 10

[1] 1874 年日本侵略台湾事件：1871 年，漂流至台湾的宫古岛的琉球御用船的船员中有54人被杀害，于是日军出兵，一度侵占台湾。清政府为息事宁人，而向遇难者支付了慰问金。

艘船只（后来又增加了 3 艘）。与中国的谈判全权由大久保利通负责。

三井陷入经营危机（作为仅存的汇兑方）。

1875 年，公司与美国太平洋邮轮公司在内航和外航业务上展开竞争。明治政府制定了特别法以保护三菱汽船公司。将公司名称改为邮政汽船三菱公司。由于当时法律禁止一家公司兼营多种业务，于是将矿山等业务算作岩崎家的事业以规避法律。后来，三菱还收购了 PM 公司的经营权。策划者是前岛密。

日本国邮政汽船公司解散。将其拥有的 18 艘船只无偿赠与邮政汽船三菱公司。

1877 年，西南战争[1]爆发。邮政汽船三菱公司暂停定期航线，进行军事运输。后来向国家付出了提供船只的代价。

三野村利左卫门病逝。

1878 年，大久保利通遇刺身亡。

三井组将三池煤矿的煤炭运送到上海。

1881 年，三菱收购了高岛煤矿。明治十四年政变发生，大隈重信下野。

1882 年，涩泽荣一、井上馨、益田孝、浅野总一郎等人以对抗三菱为目的，成立了共同运输公司（将三井系等

[1] 西南战争：西乡隆盛为大将，以鹿儿岛为首的九州部分藩的旧藩士发动了叛乱。主要目的是恢复被 1871 年的废藩置县等政策剥夺的旧士族的权利。政府军取得了胜利，但战争费用巨大，引发了通货膨胀，后来导致了松方通缩。

3家海运公司合并而成的公司），受到了日本政府的保护。

1885年，借弥太郎去世之机，邮政汽船三菱公司和共同运输合并，成立了日本邮船。出资比率为5∶6，社长由共同运输方面出任。

1888年，三池煤矿被出售给三井。

真是令人喘不过气的20多年。这20多年，三菱和三井的发展轨迹，也颇为有趣。虽然没有定论，但是我们可以用一些解说，或者说是想象，来勾勒出这样的画面。

第一，三菱开始从事海运业是在1870年。但由于三菱在土佐藩不能拥有公司,所以只能借用藩的名义成立公司。而三井早在1872年，就已经是明治政府的国库出纳机关，与政府紧密合作，还为了国家利益设立了海运公司。三菱是地方的，三井是全国的。三菱如小孩，三井似大人。这就是二者之间的差距。

第二，日本国营邮便蒸汽船会社是在1872年成立的，但是它使用的是被国有化了的旧藩的船只。这体现了当时明治政府的强势，有趣的是三井也“顺水推舟”地参与了其中。而三菱则没有被没收船只。如果1870年土佐藩没有成立九十九商会，而是把藩船转让给了他们，那些藩船就会被国家征用，成为三井的财产。如果这样的话，三菱就不会诞生了。

第三，1874年日本侵略台湾事件发生时，三井犯了一个致命的错误，没有答应明治政府的要求提供船只。而弥太郎则抓住了这个机会，结果使得三菱在海运方面占据了垄断的地位。同在 1874 年，三井作为国库出纳机关面临着巨大的危机。1875 年，第一国立银行出现了经营危机，涩泽就任了总裁。或许三野村晚年被这些事务缠身，而三井整体也没有为了国家的利益而行动的余裕。与其说三井失败了，更应肯定他们好不容易挺过来了。

话题

明治十四年政变

指的是大隈重信和伊藤博文、井上馨、岩仓具视等人在议会设立和宪法制定方面意见不合，导致大隈下野的事件。这些人的人际关系有些奇怪，他们并不一定互相敌对。1888 年，大隈应井上的邀请，回到了外务大臣的位置，还担任了总理大臣。

大隈下野后，成立了立宪改进党并担任党首，还设立了东京专门学校（后来的早稻田大学）（这两件事都发生在 1882 年）。

当时还有很多福泽门生和大隈一起辞官，这成了庆应义塾毕业的人开始大量进入企业经营的契机。

第四，三野村死后，1882 年，井上馨、三井物产社长益田，以及涩泽成立了共同运输公司。但此时大隈已经在前一年失势，井上是工部卿。换句话说，和以前失败的邮便蒸汽船会社一样，共同运输公司也是政府支持下成立的公司，目的是不让三菱垄断日本国内的海运。也许，井上和益田是出于利益，而涩泽是追求产业组织的理想。虽然几人是同床异梦，但是他们成立了公司和三菱竞争。另外，以前的历史研究认为两家公司之间竞争激烈，但后来研究表明实际上并非如此。

如前所述，西南战争时，三菱协助明治政府提供了船只（还负责了航运和官船的航运）。由于民间船只不足，新入局者纷纷涌现。在战争结束后，船舶又过剩了。1884 年，在 55 位船主参与下，住友的总理人广濑宰平艰难成立了大阪商船。换句话说，激烈的竞争并非只发生在三井和三菱之间，而是当时整个行业的状况。

另外，涩泽是于 1869 年应大隈之邀进入仕途，但是其在政策上赞同井上而非大隈，所以和井上一起下野，之后成为经营者。也就是说，三菱因为靠山大隈失势，而给了三井重新挑战的机会。

第五，合并后成立的日本邮船是典型的三井系的公司。合并时的股份比例也是共同运输占多数，社长也是共同运输的人。但是，最后的“成品”却成了三菱集团的企业。

日本邮船为何属于三菱系

虽然没有资料明确记载其原因，但根据已知的一些事实，可以概括如下：

首先，共同运输公司的股东中，有岩崎家的人。因此，虽然合并时的股份比例是5：6，但是6中包含了三菱的人。所以，三菱方面占了过半数的股份。

这是为什么呢？原来，共同运输是由东京风帆船公司、北海道运输公司、越中风帆船公司三家合并而成，还得到了政府的出资，而其中的越中风帆船公司就是三菱创办的公司。

其次，共同运输方面换了一批管理层后才向三菱提出了合并的请求。换句话说，可能内部的强硬派已经被清除，以此为条件让三菱更容易同意合并。

最后，虽然合并后的日本邮船的初代社长是共同运输出身的森冈昌纯（萨摩藩士，后晋升为敕选贵族院议员）。但公司里除了社长，还设有总经理一职，总经理由英国人阿尔伯特·理查德·布朗（Albert Richard Brown）担任。他曾经是明治政府雇佣的外国人，后来负责为三菱汽船公司采购船只，还曾担任三菱的商船学校的教师。由此可见，他是三菱的人。

于是，日本邮船变成了三菱的附庸。有些资料称，三菱放弃了海运公司，从而走上了多元化的道路，但此说欠妥。如果真是如此，日本邮船现在应该是三井的了。

反观三井，却在海运领域落了下风。由于他们此前经历了两次失败，也难怪如此。而且，不是在业务上输给了对手，而是在管理上出了纰漏。他们的应对之策是，在三井物产设立了船舶部，这就是日后的三井船舶，后于1964年和住友系的大阪商船合并，成了大阪商船三井船舶，1999年又和纳维克斯航线（Navix Line）合并，公司更名为商船三井。作为企业集团，它既属于三井，又属于三和，却不属于住友，这十分有趣。

不属于住友的原因可能是大阪商船并非住友的子公司。广濑宰平是大阪商船的首任社长，这是因为住友和广濑作为大阪金融界的领军人物，调和了许多濑户内海的沿海海运公司，将它们整合成了一个公司。用现在的话说，就像是接受了商工会议所[1]的代表的职务一样。

话题

合并时的公司名字如何决定？

商船三井的英文名是 Mitsui O.S.K. Lines，可以

[1] 日本商工会议所是日本的全国性经济团体，其成员不分行业和企业规模，可自由参加，换句话说是个松散的组织，其代表也不具备过大的实权。——译者注

看出大阪（Osaka，即 O.S.K.）商船和三井（Mitsui）在英文中的顺序和日文相反。住友和三井还有其他类似的例子，比如三井住友银行的英文名字是 SMBC，也就是住友三井银行公司。这种在两种语言中将两个集团排序互换以照顾双方面子的做法算是一种日本特色的人情世故吧。

三菱银行实际上是对东京银行进行了救济合并（其实是三菱想要傍上东银），合并后的银行名字是东京三菱银行，东银的名号在前，看上去地位更高，这是出于三菱对东银的日本之国策银行地位的尊重。笔者有一个熟人，20 世纪 60 年代中期从神户大学毕业找工作时，研究室的老师就说："要么是日银，要么是东银，我才给你写推荐信。"换句话说，东银和日银不相上下，是在日本国内地位很高的银行。

促成二者合并的更重要的原因是海外知名度，东银（Bank of Tokyo）是在世界各地有跨国分行的知名银行，其前身是 1880 年成立的横滨正金银行。三菱银行的知名度和社会地位远不及东银。所以合并后的英文名字必然是 Bank of Tokyo and Mitsubishi。不然世人就看不出它是 Bank of Tokyo 了。

第二章

19 世纪末的工业组织和业务拓展

如第一章所述，明治政府偏袒或依赖某些企业。笔者认为这也是没有办法的办法。但是，被依赖的企业实际上并不可靠，且缺乏技术。

海运方面，通过从国外购买舰船能勉强应付。从政府的角度来看，即使战舰能够自造（其实技术也是进口的，有时甚至连舰船也是进口的），也不可能长期保有运输船。因此，只能依靠私营企业。由于涉及军事，所以这些私营企业不能是外企。国家需要的是愿意共同承担一些损失的日企。正如前章所述，因三井公司拒绝这一要求，三菱公司得以成长起来。

1. 国营企业的出售和财阀的集团化

那么，其他企业是如何起步的呢？使用西方技术的产业，最典型的是制造业，还有许多采矿业，都是从国营企业起步的。正如前一章所述，这是因为国内没有相关人才。另外，主要是出于军事原因，日本政府不愿外资介入。于是，国家利用雇用的外国人和留学归国人员，以国营企业的形式发展产业。

私有企业常与国营企业同时参与某一行业

私有企业也参与采矿业。古川市兵卫是小野组[1]的领班，他要求曾投资小野组的前领主中村[2]藩主相马家族出资开发矿山。最有名的当属足尾矿山。这便是与现代的富士通关系密切的古河财阀的开端。

[1] 小野组是一个金融业机构，明治维新之际，积极向明治政府提供援助。——译者注

[2] 中村是日本地名，当时是陆奥国属下的一个小藩，在现福岛县相马市中村。——译者注

1881 年，藤田传三郎[1]与其兄弟二人共同创办了一家采矿企业（藤田组）。创办过程是经井上薰介绍，由长州毛利家族提供资金。这便是后来的同和矿业（现同和控股）。此外，其弟由久原家收养，该家族的儿子房之介在担任小坂矿山的董事后，于 1905 年收购了赤泽铜矿，即后来的日立矿山。随后，他将矿山业务转交给妹夫鲇川义助，日产集团由此发展起来。

日立制造所、日产汽车和日本矿业（现为 ENEOS 控股旗下的 JX 金属）等大型企业集团完全由私营企业组成，尽管创始资金是经井上的介绍而获得的。

资金缩减的原因是国家财政恶化

这样一来，虽然矿山由私营主导，但制造业却主要归日本政府所有。所谓“出售”，就是将国营企业出售给私人运营。最近相似的案例便是私有化的 JR、NTT、JT（日本烟草产业）等。对于现代 JR 和其他公司来说，让它们成为私营公司是有意义的（当然，将它们上市并收回投资资本也很重要）。与此相反，19 世纪 80 年代实施的出售，

[1] 藤田传三郎（1841—1912 年）：长州（山口县）实业家。第一个被授予爵位的平民。曾参与创办了多家大型企业，包括大阪纺纱（现东洋纺）、小坂矿山（现同和控股）、阪堺铁路（现南海电铁）、日本土木（现大成建设），这些大企业一直延续至今。

是为了改善政府的财政情况。

限于篇幅，仅在此进行简单说明：明治初期，日本的法定货币尚未确立。激进的政府财政政策和西南战争（1877年）期间募集军费导致了通货膨胀。此时，大隈重信作为大藏[1]大臣与其下属松方正义意见不一，大隈试图推行激进的财政政策，但在1881年的政治动乱中被赶下台，松方成为大藏大臣，强行采取紧缩措施。结果导致“松方通货紧缩”发生，而出售国营企业就是紧缩财政的一部分。

事实上，最初的提议是由大隈在1880年提出的。尽管大隈也想解决国家财政困难的问题,但所设条件过于苛刻，以至于没有买家。松方于1884年放宽了条件。也就是说，在大多数情况下，明治政府都需要大幅降低出售金额，并允许长期分期付款，才能找到买家接手。

松方之前的出售

如表1所示，其中有一些企业是由松方出售的。比如前文已提及的高岛煤矿，被出售后由土佐藩士后藤象二郎（此人身居要职）接手，最终经营失败。福泽谕吉对此颇有不满，便让岩崎弥太郎回购。

[1] 大藏省是日本自明治维新后直到2000年期间存在的中央政府财政机关，主管日本财政、金融、税收。——译者注

表 1 日本国家投资与出售项目一览

年份	名称	国家投入资金（日元）（截至1885年年底）	出售价格（日元）	买家
1874	高岛煤矿	393848	550000	后藤象二郎
1882	广岛纺织所	50000	12077	广岛棉纱纺织会社
1884	油户煤矿	48608	27944	白势成熙（新潟大地主、豪商）
	中小坂铁山	58507	28500	坂本弥八（东京商人）等
	摄棉笃制造所	101559	61741	浅野总一郎
	深川白炼化石		12121	西村胜三
	梨本村白炼化石		101	稻叶来藏
	小坂矿（银）山	547476	273659	藤田组（久原庄三郎）
	院内银山	703093	108977	古河市兵卫
1885	阿仁铜山	1673211	337766	古河市兵卫
	品川硝子	294168	79950	矶部荣一、西村胜三
	大葛 / 真金金山	149546	117142	阿部潜（岩仓使节团随行幕臣）
1886	札幌麦酒酿造所		27672	大仓喜八郎
	爱知纺织所	58000		筱田长方
1887	新町纺织所	138984	141000	三井
	长崎造船所	1130949	459000	三菱
	兵库造船所	816139	553660	川崎正藏
	釜石铁山	2376625	12600	田中长兵卫
1888	三田农具制作所		33795	岩崎由次郎、子安峻他
	播州葡萄园		5377	前田正名
	三池煤矿	757060	4555000	三井（名义上属佐佐木八郎）
	幌内煤矿 / 铁道	2291500	352318	北海道煤矿铁道（三井系）
1890	（丸之内）		1500000	岩崎弥之助
	纹鳖制糖所	258492	994	伊达邦成
1893	富冈制丝厂	310000	121460	三井
1896	佐渡金矿、生野银矿	3180110	2560926	三菱
	大阪炼油厂			三菱

备注	现在
应福泽谕吉委托，三菱后来以 90 万日元购入。后藤之次女和三菱第二代家主弥之助于 1874 年结婚。	三菱综合材料管理有限公司（于 1986 年关闭煤矿，当时的运营公司是三菱矿业水泥株式会社，该公司于 1990 年与三菱金属制品有限公司合并，成立了三菱综合材料管理公司）。
由于士族授产政策，竣工前就支付现金。	1960 年，解散。
1886 年，再次归国营所有。1996 年，连同佐渡矿山被出售给三菱财阀。	1957 年，封山。
1878 年，经营困难，被收归国营。但国营后也因经营不善而倒闭。	
浅野财阀的起源。	日本水泥公司后来成为太平洋水泥公司。
	同和控股。
虽归小野组拥有，但其破产成为国营后，被小野组领班古河收购。	1953 年，关闭矿山后为古河机械金属公司。
	1978 年，关闭矿山后为古河机械金属公司。
士族企业收归国营。	
	阿部经营失败，经营权移交给三菱（1888 年）。
除大仓外，涩泽和浅野也在生产和销售方面进行了投资。	札幌啤酒。
1896 年倒闭。	
	钟渊纺纱后来成为葵缇亚（Kracie）控股。
	三菱重工业。
	川崎重工业。
政府收购的破产企业。	富士制铁后来成为日本制铁。
	东京机械制造所。
1896 年，停止经营。由于病害和台风的影响，出售后几乎没有经营。	
北海道煤矿轮船。	
	三菱地所。
邦成是元亘理伊达家藩主。带着部族作为开拓吏移居到纹鳖。	1895 年，札幌制糖。1896 年，解散。
1939 年，被片仓制丝纺织株式会社合并。	片仓工业。
	三菱综合材料。
佐渡 / 生野矿山半成品精炼。	三菱综合材料。

资料来源：基于小林（1977 年）制作。

对比国家的投资金额和出售金额可以看出，国家在煤矿业务上是成功的，因为出售金额很高。反过来说，在大多数业务上是投入资金远大于出售价格，不如此就不会有买家。

广岛纺纱厂是国家建立的示范工厂，用于发展纺织业，但同时也是为武士家庭提供经济救济。因此，该厂尝试了各种方法来使士族参与生产活动，以达到“士族授产”[1]的目的。广岛纺纱厂也因此被出售。

也就是说，广岛纺纱厂没能成为模范工厂。1882 年，大阪纺织[2]已经开工，并且使用的是蒸汽机。简而言之，行业已不再需要模范工厂了。19 世纪 80 年代，除了大阪纺织以外，其他纺织公司也陆续成立。

这些纺纱厂使用水力，而广岛在夏季干旱的中国地方（位于本州岛西部）。因此，早在 1886 年，纺纱厂就搬迁到了河口附近的河原町，且在重新开业后用上了蒸汽机和水力。可以说，这是一个典型的国营工厂的试错过程（过早进入行业，严重缺乏专业知识）。

必须指出的是，明治政府并非打算独占产业，而是想将模范工厂建成能作为私营模范的优秀工厂。在模范工厂

---

[1] 明治政府对因秩禄处分而失掉职业的士族（旧武士）使其经营产业、救济生活的政策。——译者注

[2] 社长是藤田组的藤田传三郎，工务主任原本是津山藩士，后其前往英国留学，改由涩泽在经济上给予支援让其学习工学的山边丈夫担任，后来成为社长。

出现时，同时还存在很多没能成为模范的私营工厂。然而正是由于模范工厂采用类似国营企业的经营模式，导致经营成本很高，因而无法与以模范工厂经验教训为鉴的私营工厂竞争。换句话说，模范工厂注定是要退出工业舞台的。

初期投资由国家承担

如前所述，在 19 世纪 80 年代后，在大多数情况下，国营企业出售给私有企业的金额要低于国家投入的资金。虽然我们不清楚大部分案例涉及的具体金额，但几乎只有 1887 年的新町纺纱所及次年的三池煤矿的出售金额高于其投入金额。从现存资料推测，出售国营企业的情况要么是初期投资失败，留着还要花维护费，所以就低价出售；要么是初期投资过大（例如聘请外国人[1]和进口机器等费用过高），日本政府无力承担。

举一个例子以供比较，日本政府于 1890 年出售丸之内给三菱的金额为 150 万日元。与其他出售相比，这笔出售金额非常高。笔者猜测这大概是三菱为了支援国家财政，但从长远来看，这是一笔好买卖。

[1] 聘请外国人：从幕末到明治，日本政府等短期雇用的外国人。日本政府期待他们提供日本所没有的知识、技术、技能。后逐渐被在日本国内外大学学习的日本人取代。这些外国雇工人数近 1 万人，主要来自英国、法国、德国、美国等国。

财阀多元化的手段并不仅仅是出售

顺便一提，关于这一时期出售国营企业的一般看法如下：

· 所谓的政商（有政府关系的商人）买到了更多国营企业

· 日本政府代替私有企业（政商）承担“创业风险”

· 通过这些出售，私有企业（政商）实现了多元化

· 案例显示，不仅是业务资产，人才也从日本政府转移到了私有企业

在上述的基础上，以海运公司起家后涉足矿业和造船业的三菱与以商业、金融起家后涉足矿业和纺织工业的三井得以形成初期的多元化。

值得注意的是，三菱并非仅仅依靠承接国营企业来实现多元化。虽然三菱确实承接了一些国营矿山，但它在1877—1886 年间买下了 7 座矿山，1887—1896 年间又买下了 40 座矿山。这说明三菱的发展并不是只靠承接国营矿山。

而且，并不是因为国家恰巧有矿山的出售，三菱才应机而动地实施多元化。三菱买下 47 座矿山，说明其早有从事矿业的明确意愿，只是现有的研究暂时还未探明其内部具体是从什么时候开始酝酿这一计划。

三菱的业务“围绕海运”展开

如果总结一下该时期三菱的业务发展情况，就会发现如下的情况。部分内容和前面的章节有所重复，但为了便于整理，再次列出：

1871 年，作为制造船舶的回报，三菱从纪州新宫藩营获得了煤矿开发和采掘权。

1873 年，从松山藩主处收购吉冈矿山。

1875 年，开始制造纸浆（收购沃尔什兄弟[1]的公司）。日本国营邮便蒸汽船会社解散，其所有的 18 艘邮轮归三菱公司所有。

1876 年，邮便蒸汽船三菱公司向国家支付了上述船舶的费用。与博伊德商会对半合股，成立了三菱制铁所（业务并非制铁，而是船舶修理），向大藏大臣递交了成立汇兑局的申请书。

1879 年，成立了东京海上火灾保险。发起人是涩泽荣一，首席股东为贵族联盟。岩崎是第二大股东（首任经理是三井益田孝的弟弟）。

1880 年，三菱汇兑所开业（从邮便蒸汽船三菱会社分离）。

[1] 沃尔什兄弟：美国的商人兄弟，从江户时代末期到明治时代一直活跃在日本。——译者注

1881 年，收购高岛煤矿。成立明治生命保险公司（由三菱的福泽门下负责）。

1884 年，承租国营长崎造船所（于 1887 年承接出售）。

1885 年，成立日本邮船。三菱汇兑所随之停业。接手经营第 119 国立银行。

1887 年，成立东京仓库（现在的三菱仓库）。

1890 年，从锅岛氏[1]处收购了端岛（军舰岛）。

1895 年，成立三菱合资公司银行部。继承第 119 国家银行业务。

1901 年，国营八幡制铁所开工前后，大资本开始涌入筑丰煤田。三菱也参与其中。

整理一下就会发现，三菱在初期的业务开展中，几乎都是“围绕海运”展开的。具体来说，有以下几点原因：

· 汽船需要煤炭作为燃料

正如第一章第 7 节有关住友别子铜山的部分所述，江户时代，重要的矿山是德川幕府直辖的。但德川幕府并不重视煤矿。因为 19 世纪中叶之前煤炭没有太多的用途。直到“黑船来航”，煤炭的价值才急剧上升，矿山的开发也随之推进。

三菱是在幕末，作为土佐藩营的一家海运及商业公司

[1] 锅岛氏是日本一个氏族，江户时代为佐贺藩主。——译者注

起家的。但土佐藩没有什么可供出口的特产，所以其实际上主营海运。三菱在 1871 年获得了煤矿的开发和采掘权，并迅速收购了高岛煤矿。

· 成立三菱制铁所的主要目的是船舶修理

· 将在三菱制铁所获得的技术应用到长崎造船所

这说明了为什么三菱身为海运公司，能轻易进入造船业。

· 金融业务发端于海运货物汇兑业务

日本邮船三菱公司受到了国家的大力保护，代价是其不能从事海运以外的业务。但这也只是表面上的限制，只要不是公司的名义，比如作为岩崎个人的业务就没有问题[1]。

邮便蒸汽船三菱会社是没有汇兑（主要指金融，尤其是短期贷款）功能的公司，因此，其客户被英企 P&O 邮轮[2]抢夺。作为对策，三菱开始经营货物汇兑业务，得以维持经营。

此外，三菱于1875年从日本政府那里获得了18艘船只。次年支付了这些船只的费用，但尚不清楚这是自愿支付还是基于双方合约约定。不过，可以认为这是一种政府对三

[1] 三菱集团旗下即使是历史悠久的大型公司，也有的公司名字里带三菱，有的不带三菱，主要原因就在于此。

[2] P&O 邮轮（Peninsular and Oriental Steam Navigation Company）：1837 年建立的特许公司。以从英国到亚洲的海运为业。该公司活跃至今，日本首例新冠疫情感染者乘坐的“钻石公主号”即为该公司所有。

菱的资产出售。

当然，从国家角度来看，出售国营企业是为了防止财政恶化而实行的政策措施，这与其在 1875 年提供船舶的目的和方法不同。在经营史领域，似乎未有先行研究将提供 18 艘船舶与出售国营企业视同或进行比较，但从承接方（三菱）的角度来看，这两者几乎是等同的。简而言之，三菱的主营业务海运是：

· 因从土佐藩得到船舶而起家

· 因从国家得到船舶而做大

这些利好都来自当局。是土佐藩将船出售给了九十九商会，是明治政府把船只出售给了三菱。当然，三菱的发展离不开以弥太郎为首的岩崎家族经营者的才智，但在此之前，能够取得船舶才是决定性因素。即，三菱是靠明治政府出售资产及收购起家并做大的公司。否则，一家“突然出现”的公司不可能发展得如此之快。

“围绕海运”的相关多元化

这个“围绕海运”的说法，其实与一般人对于财阀多元化的认知有很大的不同。

正如前一章所述，财阀除了金钱以外，几乎没有其他的经营资源。所以，他们用金钱购买发达国家的知识（技术、专利等），在自己的国家开展业务。竞争对手要么没有，要么很少，因此能够产生巨大的利润。结果，其多元化应是“非关联”的。

但是，通过以上考察发现，三菱的多元化却意外的多是“相关型”的。三菱公司收购了沃尔什兄弟的造纸公司，庆应义塾的毕业生创办了人寿保险公司。吉冈矿山是三菱初期唯一可观的资金来源。看上去三菱的产业多种多样，也有不少不相关，但海运、煤炭、造船、外汇（金融）显然是相互联系的。

而且，吉冈矿山虽与海运无关，但三菱却试图以矿业为核心业务。这可能是吉冈矿山有成功经验的缘故。因此，三菱不仅接手了“矿山”，还买入了很多其他“矿山”。关于三菱的产业多元化，虽然并非全部是事先规划，但笔者认为至少可以算得上是有明确战略。

2. 三大财阀成立银行的差异

顺便一提，商业和金融并不是明治时代才出现在日本的产业。那么，日本政府是不是认为不需要从西欧引进这两个产业呢？至少在银行方面，日本政府曾想以西欧作为典范。当时日本政府关注的重点是中央银行制度，以及统一发行货币。那么私有企业，尤其是财阀，对此又是如何应对的呢？住友资料馆的佐藤秀昭先生解释称，三井、三菱、住友各银行的形成过程各不相同。具体归纳如下：

三井以银行为中心

三井，或者说越后屋，从江户早期以来就是富商，也是货币兑换商。换句话说，金融业很早就成了他们的主营业务。明治时代亦然，三井先后作为国库出纳机关、第一国立银行和三井银行，在金融领域发挥了优势。

在国库出纳机关与第一国立银行之间还有一个“三井BANK”。那是应井上馨和涩泽荣一的要求作为中央银行成立的。但是，正如前面说明过的那样，根据伊藤博文的方针，货币发行由国立银行负责，其他银行不得擅用银行的名称，所以称之为“BANK”。同时，三井要成立中央银行，所以，不得不从经营吴服的越后屋分离出来。这样一来，“祖业”越后屋反沦为旁系。然而，三井从祖业分离出来，却没能建立中央银行。

三井本以为第一国立银行会成为中央银行，并由三井掌管，结果其代表却是涩泽荣一。于是，只得另外成立三井银行，以继承从江户时代以来的金融业。

住友做并合，三菱办押汇

住友在江户时代就是一家货币兑换商，主要经营铜，因此，住友有着悠久的对外贸易历史。根据1882年颁布的《住友家法》，住友的商务科分为“买卖方”“并合方”“贸易方”三个部门，其中并合方就是住友银行的前身。并合是一种抵押金融，与买卖方、贸易方同属一个机构，所以能够方便地评估抵押品的价值。当然，当时的交易品主要是铜、生丝等，其价格也会波动很大，因此也需要有专业的鉴定人员。

三菱金融则是从货汇业务起步的，即“围绕海运”，将装载的商品直接作为抵押品。正如前文所述，由于当时没有这项业务，三菱差点输给了英企P&O邮轮。另外，虽然并合也属于抵押金融，但抵押的并不是商品。由此可见，三个财阀在加入和发展金融业务的过程中，各有不同。一般说到政商（与政府关系密切的商人），会有一种与政府密切合作，把握商机的直观印象，三井或许比较符合这一点，但三菱和住友却并非如此。住友和三菱的金融商业模式也有所区别。这意味着它们可能已经各自实现了自主的多元化。

3. 三井的多元化和财阀的“范围”

在此，笔者想说明的是，三井并不是典型的政商（与日本政府关系密切的商人）。中上川彦次郎[1]在井上馨的推荐下加入三井，挽救了银行的经营危机，同时也招募了许多庆应义塾的毕业生加入三井。以下是其中一些知名人物：

朝吹英二（1849—1918 年），中上川的内弟。毕业于庆应义塾。曾供职于三菱商会。后经营商社。历任三井吴服店董事、钟渊纺织专务董事、三井工业部专务董事、王子制纸会长、三井合名专务董事（曾短暂出任董事长）。其子是三越社社长。

波多野承五郎（1858—1929 年），毕业于庆应义塾，曾供职于三菱公司。《时事新报》创刊主编。曾任日本驻天津领事、三井银行董事、玉川电气铁道（现东急电铁的一部分）董事、众议院议员。

柳庄太郎（1861—1938 年），毕业于庆应义塾，曾供

[1] 中上川彦次郎（1854—1901 年）：出生于丰前国中津藩（现大分县）。福泽谕吉之侄。毕业于庆应义塾。留学英国后，担任工务卿井上馨的秘书。后加入外务省。因明治十四年政变辞官，曾任《时事新报》社社长和山阳铁道社长，应井上之邀于 1891 年担任三井银行的董事。在处理银行的不良贷款的同时，推动了三井的工业化。

职于《时事新报》。1917 年创立了第一火灾海上保险（安田火灾海上的前身之一），任社长。

日比翁助（1860—1931 年），从庆应义塾毕业后供职于海军天文台、摩斯林商会等地，于 1896 年加入三井银行。1898 年改革了三井吴服店，后任三越的会长。

藤山雷太（1863—1938 年），毕业于庆应义塾。曾任长崎县议会议员，后任议长。其夫人是中上川夫人之妹。长子是藤山爱一郎。复建田中制作所（后来的东芝公司）时任经理。任王子制纸专务董事时逼辞涩泽荣一。1902 年从三井辞职后，历任东京市街电铁董事、骏豆铁道社长、日本火灾保险副社长、歌舞伎座董事和出版社泰东同文局社长。1909 年在涩泽荣一的推荐下就任大日本制糖株式会社社长。他建立了藤山财团，历任藤山同族社长、大日本制冰会长、东邦煤矿社长和日本纺织社长等职。贵族院议员。

武藤山治（1867—1934 年），毕业于庆应义塾。前英文报纸记者，后任藤象二郎的秘书[1]；1893 年加入三井银行。中上川彦次郎去世后，被增田孝重用。于 1894 年奉三井银行之命，出任钟渊纺织兵库分厂的负责人。后并入国内棉纺织会社。他帮助丰田佐吉发明了自动织机。后任众议院议员。1930 年辞去钟纺社长之职，1932 年重建《时事

[1] 后藤是土佐藩士，板垣退助的盟友。他将高岛煤矿卖给了岩崎久弥，也可以说是使岩崎久弥买下了高岛煤矿。

新报》。后因告发帝人事件[1]，于1934年遭暗杀身亡。

池田成彬（1867—1950年），毕业于庆应义塾。其妻是中上川之长女。1895年加入三井银行。1911年股份化后任常务董事。1932年成为三井的联名理事（三井财阀的实际负责人），1937年按照自己制定的高管退休制度从三井退休。同年担任第14任日本银行总裁，后来历任大藏大臣兼商工大臣、内阁参议（第一次近卫内阁、平沼内阁、第二次近卫内阁），枢密顾问官（东条内阁）。其长女嫁给了岩崎久弥的次子。

藤原银次郎（1869—1960年），毕业于庆应义塾。1895年加入三井银行。1897年担任富冈制丝厂经理。1898年作为王子制纸的专务董事解决了劳资纠纷。1899年转入三井物产。1911年任王子制纸专务。1929年当选为贵族院议员，1933年将王子制纸与富士制纸等合并，占据了日本80%的市场份额。在日本，他被人称为造纸大王。1939年创办了藤原工业大学（后来的庆应大学理工学部），1940年担任商工大臣。

小林一三（1873—1957年），毕业于庆应义塾。1893年加入三井银行。1907年在箕面有马电气轨道成立时担任专务董事（社长不在时的代表）。

[1] 帝人事件，日本财团购买帝国人造丝公司股票的贿赂事件。后来，许多政界、财界要人也因涉嫌此案遭到警方的搜查和拘捕，致使斋藤实内阁于7月总辞职。——译者注

小林一三后来成为了阪急电铁集团的统帅。他创办了宝冢歌剧团和阪急勇士职业棒球（现在的奥力克斯·水牛职业棒球队）。小林曾请求白木屋让其在终点站试水百货店这一商业形态。试水成功后就赶走白木屋，建立了阪急百货店，是个不择手段的人。

小林一三曾经打算跳槽，所以从三井银行辞职。但跳槽的公司倒闭了，因为这一段经历他年纪轻轻就当上了电力铁道公司的经营者。他不是被中上川拉进三井的，他在三井期间也未参与银行改革，但在当时，他充分运用了自己在庆应义塾的人脉，做出了一定贡献。

被牵着走的三井

当提到这些鼎鼎大名的人物时，就不得不提到他们所代表的企业。其中，有很多企业都是制造业的领军者。在江户时代做布匹生意起家的三井的主营业务是商业和金融，到了明治时代，因为经营困难，为了发展公债业务（明治政府也有此意），于 1872 年将布匹业务分离出去。这就是后来的三越百货店，而其他业务可以用年表的形式概括如下：

1872 年，成立邮便蒸汽船会社（与日本政府合作，后被三菱收购）。

1873 年，成立第一国立银行。股东包括三井组、小野组等。成立抄纸会社（后来的王子制纸）。股东包括三井组、小野组、岛田组、涩泽荣一。

1874 年，抵押增额令导致小野组（以及岛田组）破产，第一国立银行陷入经营危机后涩泽荣一接任银行总裁。井上馨成立先收会社。

1876 年，先收会社解散，成立三井物产。成立三井银行。

1882 年，成立共同运输会社。

1885 年，共同运输与邮便蒸汽船三菱会社合并，成立日本邮船。

1887 年，收购新町纺织所。成立东京棉商社[后来的钟纺，现为葵缇亚（Kracie）控股]。社长是三井高信。

1888 年，收购三池煤矿。

1889 年，收购幌内煤矿（出售方为北海道煤矿铁道，后并入三井旗下）。

1891 年，收购前桥纺织所、大岛制丝所。之后在名古屋、三重新建制丝所，收购富冈制丝厂失败（三井未投标）。

1893 年，收购富冈制丝厂。派遣藤山雷太到经营不善的田中制作所（1874 年创业），将其改组为芝浦制作所。

由此可以看出：

· 三井想借助日本政府的力量来发展海运业，但是没

有成功（先后两次被并入三菱）

- 主营的金融业务受到日本政府的影响和干预
- 在收购国营企业上，比三菱落后一步

换句话说，除了与国家紧密联系的金融业，三井没有什么特别亮眼的产业。但幸运的是，井上馨和益田孝成立了三井物产，并取得了成功。然后通过收购国营的煤矿和纺织，实现了业务的多元化。后来，当三井银行遇到危机时，中上川出马进行了经营改革。不仅如此，他还推进了跨向制造业的多元化。

话题

国立银行

明治时代成立的国立银行，按照现代的定义来说，并不是国家的银行，而是民间的银行。它仿照当时美国的国家银行成立，现在被翻译为“国民银行”，但在明治时代的日本，就叫国立银行。1872年，规定它是有资格发行兑换券（可交换黄金的纸币）的银行，从第一银行到第五银行，共成立了4家国立银行（跳过了第三）。明治政府在1876年修订条例，允许发行不兑现纸币，实现了某种程度的自由化。

当时共有153家银行，这些银行都被命名为第某某（按成立顺序以数字命名）银行。

1882年，成立了日本银行，次年就开始发行纸币（日本银行券）。国立银行在达成最初的目标（即发行通货）后，就转型成了普通的银行，但基本上还是保留了原来的名字（去掉了“国立”二字以免误会）。现存的银行中，数字最大的是地方银行（香川县）的114银行。

最初的第一（国立）银行属三井旗下，但后来三井有了三井银行。1943年，第一银行与三井银行合并，成了帝国银行。1948年，因为日本的财阀解体，第一银行被从三井中剥离出来，再次独立。1971年，与日本劝业银行合并，成了第一劝业银行，而该银行又与日本兴业银行、富士银行合并，成了瑞穗银行。

另外，1872年时尚不存在的第三银行，后由其他人于1876年成立。经过多次合并，1923年成了安田银行。“二战”结束后，因日本的财阀解体，成了富士银行，该银行最终被并入瑞穗银行。

改革三井的是外部人才

仔细想来，三野村也不是“内部培养”出来的。笔者认为，这一时期三井的救星是三野村、井上、益田、中上川这些外部人才。

原因有以下几点。如果三井家不参与实际经营，那么负责经营的就是掌柜和伙计们。而三野村作为没落的武士从商，虽然身份不高，但也是经营者。他引荐的井上是明治政府的功臣，益田出身旗本[1]，而井上引荐的中上川是福泽的侄子。3 人都有海外工作经验。不难想象，他们凭借自己的背景，能实行三井的掌柜们做不到的改革。

可想而知，在越后屋做大的过程中，掌柜和伙计们中一定有人选择继续在三井任职，而不是放弃东家名号自立门户。但在明治维新这样的革命时期，这些掌柜们却不能适应大环境的变化。显然，明治初期的经营者几乎都是武士阶层。“武家商法”这个词，说的就是武士不懂经商。毕竟在废藩置县后很多武士失业了（笔者的曾祖父也开过酱油店，结果失败了），但也有经商成功的武士。

[1] 旗本是日本武士的一种身份。一般是指在江户时代有资格在将军出场的仪式上出现，德川将军家的直属家臣团的统称。这里是指益田有旧幕府的关系。——译者注

三井的多元化比三菱先行一步

再来看看三井在维新后的业务拓展。岩崎久弥是三菱的第三代总裁，他于 1898 年买下了沃尔什兄弟的神户制纸厂。而年表上记载，三井在 1873 年王子制纸成立时就已参与出资。沃尔什兄弟的纸浆工厂成立于 1875 年，晚于王子制纸。

三菱在 1873 年时还没有拿到吉冈矿山，所以没有进行多元化的原始资金。换句话说，当时创业伊始的三菱正在拼命经营海运。三菱买下沃尔什兄弟的纸浆工厂，以及于 1881 年买下后藤象二郎于 1874 年接手的高岛煤矿，都是后话了。这么一想，三井比三菱更早一步，开始了多元化。

王子制纸——围绕政府的多元化

1873 年，涩泽荣一和井上馨一起辞官下海。同年，涩泽荣一立刻率领三井、小野、岛田这些“御用商人”成立了王子制纸。在同年成立的第一国立银行，他让三井、小野都出任总裁，实行双总裁制，而自己则是超然其上的总监。小野组破产后，他便自任总裁。三井的多元化，可以说是涩泽荣一下的一盘大棋。

我们该如何理解三井参与出资建立王子制纸这一行为呢？这个问题本身比答案更难懂。这是关键所在，所以请耐心听笔者道来。

首先，需要从以下 4 个方面考虑：

· 与一直对政商界有着强大影响力的涩泽荣一合作

· 抓住涩泽荣一提供的商机

· 与小野组、岛田组的关系

· 与小野组、岛田组的竞争

这大概就是这次出资行为背后的权衡和盘算吧。

涩泽荣一是把国家利益摆在第一位的人，他希望日本能够在不依赖外资的情况下迅速发展近代工业。既然如此，就只有下列几方能够出资：

· 政府（财政）

· 旧大名家

· 幸存的豪商（后来成为政商）

王子制纸成立于 1873 年（当时的公司名是抄纸会社）。旧大名家并不一定亲自经营业务，他们经常把资金交给豪商打理。换句话说，涩泽荣一想要成立王子制纸时，他不是去找旧大名家，而是去找商人。当时既没有银行，也没有资本市场，所以没有别的办法寻求资金。

顺便一提，王子制纸是日本第二家开始制造西洋纸的公司。第一家是有恒社，于 1872 年成立，比王子制纸早一年。老板是广岛的旧大名家浅野。后并入王子制纸。也许涩泽荣一也可以去找旧大名家出资，但是他可能觉得商人更好打交道。毕竟，他出身官僚，可以“压商人一头”。王子制纸的大股东分别是，三井组 45%，小野组 25%，岛田组 10%，涩泽荣一 10%，看上去似乎是三井的子公司。

话题

富士电机的 IT 当然是富士通

这是笔者和一位比笔者年长 20 岁左右的前辈，以及富士电机的干部之间的对话。大概是 40 年前的事，那时还没有 IT 这个词。

笔者的前辈：“富士电机的信息系统是‘哪里产’的？”

富士电机的干部：“当然是富士通啊。”

前辈：“啊，为什么？”

干部：“因为是子公司啊。”

的确，富士通是 1935 年从富士电机独立出来的公司。成立时的公司名是富士通信机制造，即，它原本是富士电机的通信机制造部门。但早在 40 年前，富士通的营业额就已经超过了富士电机。作为参考，现在（2021 年 3 月时）富士电机的营业额为 8759 亿日元，富士通则达35897亿日元。富士电机在富士通占股3.2%，是第三大股东。富士通在富士电机占股2.7%，也是第三大股东。

再闲话几句，富士电机是古河电气工业和德国西门子的合资公司（1923年）。公司名是古河（Furukawa）的"Fu"和西门子（Siemens）的"Sie"组合而成的富士（FUJI），而不是源自富士山，这听起来有点让人难以置信。

而古河电气工业于1884年成立，最初是古河矿山（现古河机械金属）的一个部门。铜矿公司有电力部门主要是因为矿山需要进行铜的电解精炼，电解精炼之后就能制造电线，为此就成立了公司。所以，古河电气工业是所谓的电线三巨头之一，也因此顺理成章地进军光纤业务（虽然是很后来的事），实现了多元化。

另外，在建造工厂的过程中，小野组和岛田组因抵押增额令于1874年破产。因此无法从小野和岛田那里筹集到资金了。为解决这一难题，涩泽荣一让三井和小野建造工厂，然后从自己经营的第一国立银行那里筹资建设。筹资时，小野组已破产了，因此这一操作本质上是三井和涩泽荣一经营的第一国立银行借钱给三井和涩泽荣一经营的王子制纸。

从现代的眼光看来，其中大有猫腻。而且第一国立银行是可以自行发行货币（纸币）的银行。

工厂建成后，从日本政府那里成功得到了大量以地券状（大概相当于现代的土地权利证书）为对价的订单。这以现代的规定看好像也不合规。总之，三井就此实现了进军造纸业的多元化。

总之，在收购国营企业之前，商人就有很多触手可及的商机。而且商人有钱，所以日本政府、政治家，还有像涩泽荣一这样的“前官僚”都有求于他们。换句话说，三井应日本政府要求，早早就开始了多元化。当然，他们对造纸这个行业不甚了解，所以这是典型的财阀式的“砸钱砸出的多元化”。

在经营学上，王子制纸和钟纺是三井的公司

必须指出的是，三菱和三井的多元化并不仅仅依赖于收购国营企业。一般提到财阀的多元化，常常是“三井和三菱等凭借自有资金成功实现多元化”这样的陈词滥调。但实际上，三井也培育了造纸业的领军人物（藤原银次郎）和纺织业的佼佼者（武藤山治）。王子制纸是日本最大的造纸公司。因此，从经营学的角度来看，不能因为三井的

持股比例较低，就将王子制纸和钟纺排除在三井的经营史之外。

在笔者的前作中也曾提及，在中世纪德意志北部（当时属于神圣罗马帝国）的汉萨[1]商人们，随着船舶的大型化，为了分散风险，把自己的货物分装在多艘船上。即使拥有船只的所有权，也不会买下整艘船。因此从经营学的角度上看，即使日本的财阀靠内部筹集资金取得了成功，也不能忽略王子制纸和钟纺的例子，否则就难称对三井的经营有深入的了解。

[1] 汉萨同盟：中世纪德意志北部，以波罗的海为中心的城市（商人）同盟。在伦敦、诺夫哥罗德（俄罗斯）等地成立有商馆，实际上垄断了当地贸易。

日本财阀的
经营之道

第三章

变革与发展的时代

本章关注的对象是从中日甲午战争、日俄战争，到第一次世界大战期间的日本企业。该时期与前章有部分重叠，但本章是从“变革与发展”的视角论述。

在这短短的四分之一个世纪内，发生了三场战争：1894 年的中日甲午战争、1904 年的日俄战争、1914 年的第一次世界大战。用现代的眼光来看，这一时期有些难以理解。如果说明治维新是动荡不安的时代，那么 19 世纪末以来的时期也可谓是大事连连。环境的变化，对企业既有利又有弊。

就地缘政治上的位置而言，笔者一直认为：“日本很像古巴。”古巴是位于自由主义国家边缘的唯一的社会主义国家。日本则是位于中国、俄罗斯周边的西方国家。作为西方阵营的代表，日本与东方阵营的大国之间的关系十分微妙。就像身处楚河汉界一样。

但日本与古巴不同，并非“孤军奋战”，其周边还有韩国。或者应该反过来说，正因为东西方在朝鲜半岛爆发冲突(朝鲜战争),半岛分裂为南北两国,有韩国顶在更前面,使日本有了一丝喘息的空间。

朝鲜半岛的政权除了进行半岛内部的内战外，从未发动过对外战争，历来都是被入侵的一方。而日本在 13 世纪的元日战争后，再未遇到外敌进攻。日本的对外战争，包括7世纪时的白村江之战（唐军、新罗军对阵百济军、日军）和16世纪时丰臣秀吉出兵朝鲜，全都输得一败涂地。在明治维新之前，日本与外国发生的战争只有这些。

明治维新之后，日本先后入侵了朝鲜、中国，尤其是侵占了中国台湾。从7世纪以来，日本对朝鲜半岛的侵略主要有3次，这对该地区的人民来说是沉重的历史创伤。在随后的中日甲午战争1894—1895年后，日本开始走上了“强国之路”。

1. 日本崛起为强国

首先，顾名思义，中日甲午战争是中国（清朝）与日本之间的战争。

最终，日本取得了胜利，其战果包括朝鲜的独立（实际上是日本取代清朝来统治朝鲜）以及日本侵占了中国台湾和辽东半岛等地。虽然由于俄、法、德三国干涉还辽[1]，日本最终未能占据辽东半岛，但还是侵占了朝鲜和中国台湾，从而跻身西方列强的“宗主国”行列。

话题

战争与创新

《魏志·倭人传》是3世纪末成书的中国正统史书《三国志》的一部分。其中写道，日本没有“牛、

[1] 三国干涉还辽：日本通过中日甲午战争后的《马关条约》，割占了辽东半岛，但是俄、法、德三国干涉日本归还辽东半岛给清政府。日本政府担心清朝拒签不平等条约，而且惧怕与三国开战，这才吐出了辽东半岛，最后代之以索要战争赔款。沙皇俄国取得了辽东半岛部分地区的租借权。

马”。实际上日本有马，但是体形很小。据《日本书纪》记载，6 世纪时，百济与日本结盟，想要借助日本的力量来对抗新罗和唐朝，日本朝廷答应提供士兵、船舶，还有马匹。这些“马匹”是百济作为军马带到日本的。也就是说，百济为了提高同盟国日本的军事实力而提供了马匹。

时间来到 16 世纪后半叶，丰臣秀吉侵略朝鲜，结果惨败而归，但顺便绑架回了陶匠。由此，日本的陶瓷才得以革新。马匹和陶瓷都说明，战争对日本的文化和日本人的生活方式产生了深刻影响。

从军事的角度来看，对日本而言，当朝鲜半岛还是清朝的藩属国时，问题还不大。但随着清朝的衰落，如果朝鲜半岛被沙皇俄国或法国侵占，那么日本便会感到唇亡齿寒。因此，日本选择了先下手为强，主动侵占朝鲜。这种逻辑无疑是强词夺理。表面上，日本打着“维持朝鲜的独立”的旗帜,实际上担心的是朝鲜成为西方列强的殖民地。此外，日本军事系统的根本动机是“成为强国并支配他国”。因此，日本不仅出兵朝鲜，还侵占了中国台湾。

日本占领朝鲜后，像宗主国一样“无恶不作”。后来还为筹集军费而压榨朝鲜人，比如逼其种植罂粟来制造鸦片。笔者不耻于这种行为，这与英国当时所做的勾当毫无区别。英国其实是没钱买茶叶，所以才靠鸦片牟利的。与此同时，日本在中国台湾建设的上下水道，比日本本土的还要先进。

一般而言，侵占的方针会因决策的层次而异，或因人而异。同时，不同的方针也可能并存，同时执行。因此，等日据时代，沦陷区既有得过且过的人，也有遭受迫害的人。

换句话说,虽然名义上都是为了日本的利益,但实际上，一部分日本人支持朝鲜从日本独立，而另一部分日本人则逼迫朝鲜人种植罂粟，这种互相矛盾的情形在公司乃至政府内部也屡见不鲜。以三井和三野村为例，他们的方针就尖锐对立。益田和中上川的意见也完全相反。因此，中日甲午战争中日本的目的并非表面上那么简单。

但无论如何，日本取得了战争胜利，西方列强因此开始重视日本。这次胜利的重要影响是日本有机会修订明治维新前签订的不平等条约。西方列强开始意识到，如果不平等对待日本，日本可能会诉诸武力，十分难缠。

打胜仗就有钱了

日本在中日甲午战争后，从清朝得到了白银 2 亿两的战争赔款。按照 1 两等于 37 克，以及现在的银价是

100 日元 / 克来算，2 亿两相当于 7400 亿日元。这个数字和日本现代的国家预算（一般每个会计年度大约 100 万亿日元）相比，似乎并不是很多。当然或许在当时这笔资金的购买力更强一些，但重点是：打胜仗就有钱了。正如前面所说，明治维新并没有真正的赢家。对于武士们来说，他们的首要目的是保护日本不被西方列强殖民。日本国内的胜负其实并不重要。

那么，日本政府是不是早就计划好通过中日甲午战争击败清朝，然后靠赔款发财呢？笔者认为这只是结果而非最初的动机。在中世纪的地中海，例如威尼斯的商人们会在有意开战的国王之间选择一方给予支持。如果押注的国王最终获胜，商人们不仅能从借款中收回本金和利息（本金就是败方国王支付的赔款），还能获得其他好处。

如前所述，日本发动中日甲午战争的目的包含了多重考虑，但是最终的目的是防止俄国或中国通过朝鲜半岛威胁到自己的安全。换句话说，当时的日本认为自己是在进行防御，而不是进攻。当然，对于朝鲜半岛的居民而言，无论是哪个外国来犯，侵略就是侵略。但当时的日本并不认为自己是在从中牟利，而是想要防止朝鲜半岛落入他国之手，避免成为他国的附庸或殖民地。

话题

在中日甲午战争之前就出兵中国台湾

中日甲午战争是在1894年爆发的，但早在1874年（明治七年），日本军队就已经进攻了中国台湾。师出何名呢？原来是因为3年前，即1871年，宫古岛的一艘船遇到了海难，船员66人漂流到了台湾，结果被台湾的原住民杀害了54人。只有12人幸存，被台湾当局护送回宫古岛后才东窗事发。

日本政府向清朝提出抗议，但清朝的回答是，台湾原住民是蛮夷，不受清朝的管辖。换句话说，清政府无意赔偿任何损失。于是，日本派出了3000人的军队，报复中国台湾的原住民。日军的战死者只有12人，但却有500多人死于疟疾。

另外，正如第二章中提到的，当时日本政府购买了一些大型舰船，想要委托日本国营邮便蒸汽船会社来经营海运，但遭到拒绝。接受这一委托的是三菱蒸汽船会社。这是三菱的第一桶金。

在经济因战争大幅波动的时代

那么，战争对经济和企业有什么影响呢？生活在现代的我们，可能会想到以下两种可能的影响：

· 战时的“特需”刺激经济增长

· 战后的“特困”导致经济衰退

这些想法大体上是正确的。但是，在中日甲午战争时，普通人是否认为这场战争会让经济繁荣呢？似乎并不一定。相反，他们可能会担心以下两点：

· 军队征用了国内的船舶，导致国内的物流、贸易受到影响

· 征兵减少了农业的劳动力，导致农业生产下降

事实上，当时农村地区还有足够的劳动力，船舶也有些供过于求，而且战争没有持续太久，所以战争的负面影响并不大，反而因战争需求经济暴涨。但是，高潮过后就是低潮。战争导致的经济波动很大，企业经营的风险也随之增加。

民用船舶多多益善

海运首当其冲，被军方征用的船舶回来后，市场供应

过剩，开始大打价格战。

为了结束三菱和三井之间的这场竞争，他们于 1885 年合并，成立了日本邮船。与此同时，为了避免濑户内的中小海运公司的过度竞争，进行了大合并，以住友的总理人广濑宰平为代表，在 1884 年成立了大阪商船（后加入住友旗下，最终并入商船三井）。当时因为日本国内发生了西南战争，对外又出兵中国台湾，日本的船舶有些过剩。

但是，如果船舶数量适中，那么战时就没有余量供日本政府征用。而且，船舶已然过剩，建造新型船舶就提不上日程。对军队而言，这意味着战力逊于外国。为此，中日甲午战争后，1896年日本政府出台了《航海奖励法》和《造船奖励法》。《航海奖励法》旨在给予航行于海外航线上的船舶以补助金。《造船奖励法》旨在给制造优良船舶和船用引擎的造船公司发放补助金。

这些政策目的是鼓励建造新型船舶（为了以国产取代进口。因为可能会与出口国开战，需要规避这一风险），有意造成供应过剩，以便战时顺利征用。

2. 日本也陷入了恐慌

虽然战争会让经济大幅波动，但自 19 世纪后半叶以来，世界上频繁出现了“恐慌”。经济波动是指供需的增减，但恐慌是指经济和产业的结构发生了不可逆的变化。2008 年 9 月的“雷曼冲击（Lehman Shock）”之后，出现了“新常态（new normal）”的说法，意思就是“新的常态”，即回不到原来的状态了。所以，“雷曼冲击”是一种恐慌。

工业革命与供应过剩

19 世纪后半叶，世界上发生了市场的跨国化。换句话说，某国的企业会进入他国的市场。当然，早在中世纪香料就从亚洲运到了欧洲，经济全球化早有端倪。

但工业革命按下了贸易全球化的快进键。而且用高效的机器来批量生产产品。可以说，利润总是和生产过剩或供应过剩相伴而生。

日俄战争和第一次世界大战带来的变动

日俄战争（1904—1905 年）和中日甲午战争一样，战胜国都是日本。日俄战争的战场在中国的东北地区（又称满洲），即清朝（满族）的龙兴之地，和中日甲午战争的战场大部分在朝鲜半岛一样，对当地居民造成的苦难难以言表。当时，沙皇俄国的南下政策将重心由巴尔干半岛转向远东，在辽宁省辽东半岛的旅顺和大连建立了舰队基地。换句话说，沙皇俄国对东北地区虎视眈眈。所以，日俄战争才在该地爆发。

日本虽然赢了，但是未获得战争赔款。因此，日本政府难以偿还筹集自海外的战争资金，且由于战争开销极大，这笔借款金额巨大。日本当年财政支出高达 18.2 亿日元，而战前一年的财政收入才 2.6 亿日元，足足超支了 6 倍。

第一次世界大战（1914—1918 年），日本因站队协约国成为了战胜国。由于主战场在欧洲，所以日本参战对战局的影响微乎其微。但参战对日本经济却大有影响。因为欧洲各国的工业活动因战争而停滞了。结果，日本的出口急剧攀升（比如纺织品），出口增加带动了海运，然后连带造船、钢铁……形成了“一条龙”的经济繁荣。战争带来了繁荣，但战争结束后则会陷入更深的萧条之中。

3. 股市的诞生与演变

恐慌的另一个原因是，日本诞生了股票市场。

仔细一想，这是一个悖论，股市本应是匹配企业的资金需求和投资者以促进经济顺利发展的手段，但是市场整体有时却会暴涨暴跌。

成立公司的热潮

19 世纪 70 年代以来，掀起了创立公司的热潮。19 世纪 70 年代的热潮是创立银行，从 1873 年到 1879 年，共成立了 153 家国立银行（民间银行）。随后的 19 世纪 80 年代的热点是纺织和铁路。根据资料不同，这些公司成立的年份略有差异，但大致如下：

1882 年，东洋纺织成立。

1883 年，日本铁道、住江织物成立。

1884 年，南海电气铁道成立。

1886 年，伊予铁道、日光铁道等 6 家铁路公司成立。

1887 年，神荣株式会社（创业时是生丝批发商）、东京棉商社（后来的钟纺）、关西铁道等 11 家铁路公司成立。

1888 年，仓敷纺织、甲府纺织等 5 家公司、九州铁道成立。

1889 年，北海道煤矿铁道（受让国营）、世联（SEIREN，现主营汽车用座椅材料）、尼崎纺织 [后为大日本纺织、尤尼吉可（UNITIKA）]、摄津纺织等 14 家公司成立。

虽说是公司，但日本国内自 1893 年起才实施《商法》，1899 年起实施《商法》修正案（或称新《商法》），所以 19 世纪 80 年代前的公司，从法律上讲可谓是相当松散。

涩泽荣一创建证券交易所

但是，涩泽荣一想要让这些松散的公司公开募股。1871 年，兜町的土地被明治政府赐给了三井组等，以彰显其在明治维新的功绩。套用现在的说法，当时位于江户的大名府地被国有化了，兜神社和周边的国有土地被赐给了功臣（三菱因为当时尚未创立因此未参与维新，丸之内的土地迟至 1890 年才有偿地出售给三菱）。

1873 年，在那块土地上建立了第一国立银行（笔者认为其本打算在此建立三井银行）。1878 年，涩泽荣一作为发起人的代表，创建了东京证券交易所，即现在的东证。

发起人共 11 人，即除涩泽荣一外还有 10 人，这些成员着实有趣。

涩泽荣一一如既往地利用三井

成员包括三井兄弟二人。第 3 位是三野村利助。他是利左卫门的女婿兼养子，也是三井银行的初期经营者。益田孝是三井物产社长，而木村正干是井上馨的部下，也是三井物产副社长，即半个三井旗下的人。然后剩下的 5 人，小室信夫是官僚，曾官拜知事，其子是三井的董事。小松彰是官僚，也是首任交易所总董事长。深川亮藏是锅岛藩总管，福地樱痴（与涩泽荣一同样）出生于大藏省。还有涩泽荣一的堂兄涩泽喜作。

由此可见，涩泽荣一想要利用三井，同时一如既往地限制三井的权力。涩泽荣一深谙治理之道，所以在第一国立银行，他在总裁（三井和小野两人）之上设立了总监一职并亲自担任，让三井和小野相互牵制，以此弱化二者的影响力。

此外，大阪证券交易所也于这一年开业。与东京证券交易所不同，属于别家公司，发起人如下：五代友厚（矿山大王）、鸿池善右卫门、三井元之助、住友吉左卫门、山口吉郎兵卫（山口财阀）、井口新三郎（第一国立银行大阪分行行长）。

鸿池、三井、住友等财阀的掌门人都名列其中，还有关西的实业家五代、山口。与东京不同的是，看上去涩泽荣一未参与其中。但仔细一看，由他担任代表的银行——第一国立银行大阪分行行长井口先生就位列其中。而且根据不同资料，有的还记有第一国立银行的另一个发起人。当时可能发生过人员变更或者调整，因此，难说哪份资料才是正确。简而言之，涩泽荣一一手主导创建了东京和大阪两家证券交易所，二者是一个整体。

三菱和住友无意上市

就这样，涩泽荣一一如既往地向三井施压（当然三井对此权衡过利弊）。东京证券交易所开业了，但是创业之初，上市的股票为零，只有 3 种债券上市。涩泽荣一有一种“应然论”的思维方式，常随政策起舞。让三井设立中央银行，以及创立这个交易所都出于这一逻辑。实际上当时既没有公开募股的需求，也没有股票上市的风气。

等到 1878 年，东京证券交易所、东京蛎壳米商会所、东京兜町米商会所、第一国立银行股票先后上市。但是，东京交易所和第一国立银行都是涩泽荣一的公司。而剩下的两个商会所都是投机商田中平八为了投机倒把而成立的。

简而言之，都不正规。为了让证券交易所成立，涩泽荣一不惜出此下策（参照表 2）。

另外，1884 年上市的东京海上火灾是三菱旗下的企业，但发起人是涩泽荣一，首席股东是贵族联盟，岩崎位列第二。换句话说，这家企业此时也可以说是在涩泽荣一的旗下。

1880 年以后，横滨正金银行和一些国立银行准备上市，但是三菱和住友都不准备上市。这是因为三菱的商业模式是靠利润再投资来扩张，故无须募集外部资金，其资金来源是 1874 年收购的吉冈矿山和高岛煤矿。而住友在明治维新的混乱中选择“死守”别子铜山，所以也无须依赖外部的资金。

另外，对于没有这样优越条件的公司而言，后述的集团内机构银行和股票市场则是重要的资金来源。银行借款和股票是现在看来很普通的集资手段，但当时是比现在更动荡，即风险更高的时代，依赖这 2 项资金的企业会面临风险。

表 2　东京·大阪证券交易所开始交易的股票品种一览

年份	东京证券交易所	大阪证券交易所
1878	东京证券交易所、东京蛎壳米商会所、东京兜町米商会所、第一	
1879	第二、第六、横滨洋银交易所、大阪证券交易所	大阪证券交易所、堂岛米商会所、东京证券交易所、横滨交易所
1881	横滨正金银行	硫酸制造、横滨正金银行
1883	第三、八、十三、十四、十九、二七、三十、三二、三九、四十、四五、六十、百、百七、百三二	
1884	日本铁道、东京海上火灾	大阪商船、日本铁道

注：第一、第三，或者只有数字的三九等都是国立的数字编号银行（引用者缩写）

来源：千田康匡《日本股份公司的诞生和上市征程—开业上市公司为零的东京证券交易所》（「我が国の株式会社誕生と上場の道のり—上場会社ゼロで開業した東京株式取引所」），《月刊资本市场》（『月刊资本市场』）2018 年 7 月号。

出处：神木良三《证券上市理论的展开》（『証券上場理論の展開』）晃洋书房，1989。

三井继续与涩泽荣一合作

1878 年，三井尚未走上高速发展的轨道。三井银行和三井物产成立于 1876 年，但是三井银行成立时，三井家和旧三井组都缺乏资金。所以，大元方（三井家族控股）、三井家和职员都成为了股东。但是，大元方和三井家是从三井银行借钱出资的。

这怎么想都不对劲。怎么能从还尚未成立的银行借钱来出资成立那家银行呢？这说明三井真的没钱。顺便一提，1874 年颁布抵当增额令时，三井组也是用还不存在的三井银行的股票抵押给外国银行才借到了钱，这钱还是国家给还上的，真是令人叫绝。三井物产也是零资本金起家，1888 年收购三池煤矿后，该煤矿提供了充裕的资金，三井才富裕起来。

重点是，三井虽然经营困难，但还是为了涩泽荣一的“理想”而与之合作。对于三井而言，涩泽荣一是“为了成立中央银行而强制拆分越后屋的人（而且中央银行也没建成）”“用抵当增额令把三井组逼到破产边缘的人”“阻止第一国立银行成为三井的银行的人”，所以，完全有理由敌视涩泽荣一，但三井还是选择与之继续合作。

4. 当时的银行业

在本章中，有必要稍微梳理一下银行的有关情况。

如前所述，从幕末到明治初期，所谓的豪商们被德川幕府和明治政府抽走了资金，大多一蹶不振。

三井虽然幸存下来，但是直到接手三池煤矿之前都缺乏资金。换句话说，三井正是因为缺钱，才决定以成为无需太多资本的商社为目标而推进多元化。

这一时期，明治政府和旧大名资金充裕。明治政府有税收收入，旧大名因为秩禄处分[1]政策，从明治政府那里得到了相当大的一次性付款（不仅有现金，还有很高比例的秩禄公债）。而且，旧藩的赤字被一笔勾销（代价则由商人们承担），旧藩主们被明治政府要求住在东京，所以也不用再照顾藩士了。

结果，旧藩主们养尊处优，无忧无虑，所以他们“乖乖”就范，没有对抗新政府，明治维新就波澜不惊地成功了。

[1] 秩禄处分：明治政府付给华族（日本旧贵族）和士族门第的俸禄，但于1876年废除。作为过渡措施，以公债支付，但是靠抽签来偿还（兑现）。这也是西南战争等士族叛乱的原因之一。

短命的国立银行制度

顺便一提，现金和公债都会因通货膨胀而贬值。即使想要将其作为金融资产来理财，但当时既没有银行，也没有证券公司。所以旧藩主（即华族）给古河市兵卫和藤田传三郎提供了启动资金，又以贵族联盟的形式出资成立东京海上保险。

国家征收的税金（公款）是怎么处理的呢？那都存进了第二章中解说过的国库出纳机关（三井、小野、岛田），以及第一国立银行（三井、小野掌控。1873 年成立）。存下来的公款由国库出纳机关和银行来管理。但是前者因抵当增额令而陷入困境（小野和岛田破产了），后者也没有很好地发挥作用，所以就在 1873 年内，日本政府对国立银行的制度进行了大刀阔斧的改革。

国立银行和现在的民间银行的最大不同是其发行了纸币。这与当时的美国国家银行一样。但是，日本政府最初规定了这些纸币是兑换纸币，可以随时兑换为本位货币（金币）。即，把金本位制委托给了身为私有企业的国立银行。

那么，私有企业是不是成立了国立银行呢？是的，但只有 4 家。这是因为大部分企业没有准备纸币，或认为发行纸币的成本高昂并不值得。所以很快就改革了制度。具体而言，有两大改变：

· 允许发行不兑现纸币[1]

· 同时承认秩禄公债作为资本

藩士们也是秩禄处理的对象，所以得到了现金和公债，但是当然不是什么巨款。不过人数多，合起来就是一笔相当可观的数目。

藩士们怎么用这些资金呢？有人自己创业，也有和其他藩士一起出资创业，又或者像广岛纺织所那样接手政府出售的国营工厂，但他们并不擅长经商。

结果，没有去处的公债就空转了（也有部分通过抽签兑现了），所以就承认了这些公债作为国立银行的出资金额。有些情况下，旧藩主出资的地方，藩士们也跟进了。这般法律改革的结果就是，在日本，国立银行的数量迅速增加。

然而接受了公债作为资本金，也不能作为钱来发放贷款。当时银行还没有存款，所以国立银行实际上得到了发行不兑现纸币的许可。发行限额为资本金的 80%。整个逻辑如下：

· 秩禄公债成为了资本金（的一部分）

· 但是，秩禄公债不是现金，不能用来发放贷款

· 所以，只能发行不兑现纸币来放贷盈利

[1] 不兑现纸币：不能强制兑现（兑换）为本位货币（金本位制即金币，银本位制即银币）的纸币。能强制兑换的是兑现纸币。现代的发达国家的纸币几乎都是不兑现纸币。

这就是其商业模式。因为这次改革，诞生了大量的国立银行。最后于 1879 年，在成立第 153 家后“就此打住”了。这是因为即将成立中央银行，不再需要发行纸币的银行了。

这一时期的银行，资本金和存款之间的界限很模糊。或者说，几乎没有存款（不算公款），这与当时的美国的银行也有相同之处，即都采用出资者以资本金来发放贷款（或者投资到业务债等）的商业模式。

非国立银行的数量更多

另外，当时的银行不只有国立银行。早在 1875 年，就成立了三井 BANK（当时因《国立银行条例》不能称银行。后来的三井银行）。也就是说，当时三井拥有第一国立银行和三井 BANK 这 2 家银行。同样地，安田善次郎（安田财阀）也成立了第三国立（1876 年）和合本安田银行（1880 年）。还有很多的银行成立，截至 1901 年有 2308 家。

随后在 1882 年，日本银行成立，银行的经营环境为之一变。第一，货币（纸币）就统一为日本银行券。这样一来，作为纸币发行银行的国立银行就没有存在意义了，开始转型为普通银行。第二，公款相关业务被集中到了日本银行。结果，银行失去了一条生财之道。

话题

现在还有多少数字冠名的银行?

第某某国立银行被称为数字冠名的银行。虽然一共诞生了153家，但该数量因合并或解散逐渐减少。现在，或者说直到最近还存在（过）的银行的数字如下：

4（新泻，2021年改名为第四北越）、16（岐阜）、18（长崎，2020年改名为十八亲和）、77（宫城）、105（三重）、114（香川）

即，剩下的只有16、77、105、114这4家。

另外，长野的八十二银行是六十三银行和十九银行合并（1931年）时把名字“加起来”改名为82。原来的第八十二国立银行在1897年就已经合并（名称改为第三银行）了，所以没有重名。

日银开始发挥作用

另外，日银（日本银行的简称）通过接收（再贴现）民间银行从有业务往来的企业购买（贴现）的票据，或者（以法定利率）向银行提供贷款。

试举一例，根据《日本银行百年史》（『日本銀行百年史』）记载，1887 年年底国立银行的贷款余额为 1.534 亿日元。日银的民间贷款余额为 18423000 日元。日银的贷款对象不仅是国立银行，但是这也能说明日本银行的影响力有多大。

那么，如果不是国立银行，而是三井银行的话，情况又如何呢？笔者手头能够确认的资料是 1900 年年底的数据（参照表 3），超过 20% 的资金来自日本银行（再贴现），其余是存款。在该时期，大型银行已经能够吸收存款了。顺便一提，五大银行的平均存款量是地方银行的将近 100 倍（参照表 4）。不过，如果资金不足的话，还是会向日本银行求援。换句话说，银行业务的基础从“票据”转变为“存款 + 日银”，接近于第二次世界大战后的状态。

机构银行数量多的原因

话接上节，这一时期银行的特征是，有很多为了特定实业公司而存在的“机构银行”。原因有三：

第一，当时的银行和现在不同，尚未禁止兼营其他业务。所以，银行如果找不到投资对象，就会自行开展业务。这样一来，对自营业务的贷款就必然增多。

第二，有些业务必须带有金融功能，如三菱的押汇业务。明治初期，能够提供现代化金融服务的公司不多，即使有也是高价。因此，资金雄厚的公司就会自行开展兑换票据的业务。

第三，有些银行就是为给同企业集团的公司集资而成立的，这即是机构银行的“雏形”。

表 3　三井银行截至 1900 年年底的资金状况（千日元）

一般性贷款	11518	存款 - 借款	2429
三井贷款	6296	再贴现额	5056
现货黄金	1333	一般性存款	25642
再贴现额	5056	三井存款	928
合计	24203	合计	34055

该资料中，贷款中包含的贴现票据只是日本银行再贴现的部分。此外，可能还有不符合日本银行再贴现条件的票据。另外，由三井银行贴现，但还没拿到日本银行票据的余额不明。上述因素可能是导致表中左右合计金额相差很大的原因。资料来源：粕谷（2020）。

代表性机构银行之失败

来看一些被称为失败的机构银行的著名案例。

【川崎财阀与十五银行】川崎造船所（现川崎重工业）的松方幸次郎社长（松方正义之子）在第一次世界大战后的不景气中，依赖着其兄担任总裁的十五银行的资金苦苦支撑。1927 年昭和金融恐慌时，十五银行因存款被挤兑而停业，川崎造船所实际上也破产了。不过，川崎造船所因军部的支援而得以存续。

【藤田财阀与藤田银行】藤田财阀（现同和控股集团）旗下的企业在第一次世界大战后的不景气中，无法从市场上借款，只能依靠财阀内部的藤田银行的资金维持经营。1927 年昭和金融恐慌时，藤田银行因存款被挤兑而解散。

【铃木商店与台湾银行】台湾银行相当于日据时期中国台湾的“中央银行”，同时也是当时台湾岛最大的商业银行，由日本政府于 1899 年成立。铃木商店把台湾银行当作一种机构银行来利用。第一次世界大战后的不景气中，铃木商店的贷款成了坏账，台湾银行停业，铃木商店因为没有新的贷款而破产。台湾银行在日本政府的主导下进行了经营重组。这些都是机构银行和贷款客户企业几乎同时破产的案例，而且都集中于第一次世界大战后的不景气时期。著名的大型破产案例都集中在该时期，但机构银行本身早在明治初期就遍地开花。破产的小公司则大多默默无闻。

表 4 1902 年年底的银行主要账目（千日元）

	五大银行	地方银行
银行数量	5	1836
缴纳资本金	14000	244112
存款	109815	426888
借款	1919	57586
贷款	90867	606685
有价证券	29088	87406

资料来源：大波多充（全国银行协会）《明治时期的银行业务》（「明治期の銀行事務について」）。

贷款集中在特定的企业集团不利于管理风险是现代的常识，但当时的银行却向特定企业贷款，而且还拿那些公司的股票作为抵押。像藤田财阀那样，银行和实业公司实际上是一体的，所以可能也是别无他法。不过，川崎造船和台湾银行的案例，感觉还有回旋的余地。

大财阀是怎么做的呢?

一般而言，三井银行、住友银行、三菱银行并不是各个财阀的机构银行。

但是，如表 5 所示，三井银行的大额贷款对象主要是三井旗下的企业。

例如 1909 年，台湾精糖居首，其次是田中长兵卫（釜石制铁所）。台湾精糖的后台是井上馨……可想而知与三井有关。1900 年，前大名毛利等人出资成立这家公司。这背后都是错综复杂的政治关系。釜石曾一度加入三井集团。王子制纸、渊织、芝浦制作所都是原三井工业部的公司，其中有中上川的人脉。

话题

买入自己公司的股票是否明智？

日本的大多数上市公司有职工持股会[1]。职工持股会经常位列（前十）大股东。从公司的角度看，职工持股会是稳定的股东，所以公司会提供一些优惠，鼓励员工加入持股会。

但是，持有自己公司的股票，从风险管理的角度来看，并不是明智的选择。这是因为如果公司破产，不仅“工资没了”还会“股价归零”，换句话说，就是风险相关性很高，甚至可以说相关系数为 1（即完全相关）。为了安全起见，最好是买入和自己公司无关的公司股票（当然，如果是自己公司的股票，可以通过持股会用少量资金买入，但是如果要在市场上买入股票，就需要一定的资金）。

2001 年，美国的能源巨头安然因为会计造假而破产时，员工就体验到了这种“相关系数为 1”的祸不单行。他们失业后不仅工作和工资没了，手里的安然股票也变得一文不值。日本也有类似的情况，

[1] 职工持股会：职工持股会是由公司及其子公司的职工依日本《民法》组成的工会，通过职工出资来购买所在公司的股票。对于公司而言，职工持股会是稳定的股东。对于员工而言，优点在于能以少量的资金（不足以在证券市场上购买股票的资金）买到股票。

如果公司发生了丑闻，即使不破产，也会导致股价下跌和奖金减少。所以，股票投资必须考虑到风险管理。

表 5 三井银行的三井旗下大额贷款对象

时间	排名	公司名	贷款额	排名	公司名	贷款额	总计
1893 年	1	三井组	55883	4	三越德右卫门	3629	交易对象收入前 30 名中占三井的 77.6%
	2	三井物产	30902	7	王子制纸	3016	
	3	钟渊纺织	16540	11	富冈制丝场	1797	
1897 年	1	三井物产	62341	4	钟渊纺织	5610	交易对象收入前 30 名中占三井的 64.7%
	2	三井工业部	26587	18	芝浦制作所	1305	
1901 年	1	冈本贯一（三井矿山）	87159	7	三井矿山	10112	交易对象收入前 30 名中占三井的 53.9%
				23	芝浦制作所	1294	
	3	王子制纸	52116	25	钟渊纺织	1204	
	5	三井物产	16727	26	三井吴服店	1188	
1904 年	1	三井矿山	48263	13	田中长兵卫	7916	交易对象收入前 30 名中占三井的 43.2%
	2	三井物产	33052	17	钟渊纺织	7146	
	4	北海道煤矿汽船	22069	19	王子制纸	6032	
	7	芝浦制作所	14554	26	台湾精糖	3119	

（续表）

时间	排名	公司名	贷款额	排名	公司名	贷款额	总计
1909 年	1	台湾精糖	31548	8	钟渊纺织	17087	交易对象收入前 30 名中占三井的 54.1%
	2	田中长兵卫	30996	12	日本制钢所	7980	
	4	三井矿山	30030	23	芝浦制作所	3437	
	6	王子制纸	19706	26	三井吴服店	3175	
	7	三井物产	19681				

注 1：利息收入和票据贴现收入的合计（单位是日元）。

注 2：田中长兵卫是釜石制铁所的创始人。

资料来源：武田晴人《日本经济的发展和财阀总社》（『日本経済の発展と財閥本社』），东京大学出版会，2020 年。

如果从三井“家族”的角度来看，上文列出的企业由于其出资占比低，所以不属于三井。但是在现代，控制可以分为“资本控制”和“人事控制”两种。而且，即使出资占比低，但与三井有关系的制造业企业也得到了三井银行的贷款。用现代的眼光来看，这些企业无论怎么看都可以说得上是属于三井集团。

如何解释或者说评价这一现象呢？从历史的角度来看，三井组成立了三井 BANK，后来又建立了三井银行。所以，三井银行就是三井财阀本身。换句话说，三井银行不是机构银行。但它成功地实现了多元化，所谓的“自家人”以外的集团企业也增加了，而且向这些企业提供了比自家人更多的贷款。

就此而言，从经营学的角度来看，三井银行究竟是不是机构银行，探讨这个问题可能意义不大。毫无疑问的是，第一，随着集团企业的发展，三井银行对集团企业的贷款也随之增加了。第二，三井银行还增加了集团外的贷款客户。这说明银行独自发展顺利。所以，三井银行无须为业务形态逐渐接近机构银行而导致的风险增加担忧。

话题

经营史随着时代而变化

笔者想指出一个重要的观点。

关于日本企业的描述，特别是解释和评价，不同的经营史领域书籍或文献各有不同。原因似乎是不断有新的资料被发现。

本书也已经提及了一些那样的“解释差异”。例如，“国营企业的出售”，传统的解释是：“国家将先进的国营企业出售给民间，结果是民间不用承担新业务的风险。”但现在众所周知的事实是，国营工厂并不是最先进的，而且被出售时私营工厂往往更先进。

例如，三菱的长崎造船厂，一般的印象是，最新的工厂被“政商三菱”拿下了，然后靠造船赚钱。但实际情况是，三菱首先是“租借”了造船厂，即先有了一段试错期间，以确认自己有没有能力顺利经营，然后才进行了收购，付钱为政府财政做出了贡献。但其最初的主营业务并不是造船，而是修理。可能是因为三菱的技术实力不足。

这样看来，国营工厂的出售，并不是为了优待政商而实行的轻率措施。正如前已说明，政商是无法摆脱日本政府的。从涩泽荣一和三井的关系也能感觉到这一点。

拥有稳定的银行是成长的关键

再换一个角度来看，拥有稳定的银行的企业集团才能存活下来。如前所述，非相关多元化具有抗风险的能力。所以财阀们是有抗风险能力的，而且三井、三菱、住友还拥有矿业作为资金来源。这一资金来源不仅能产生投资资金，而且在集团内的实业公司陷入财务危机时，还能提供救济资金，具有稳定性。

随着日本经济的成长和财阀企业的做大做强，仅靠矿山资金已经不够了。拥有稳定的银行成为了进一步发展的必要条件。除了安田以外的其他三大财阀都没有满足这一条件。结果，它们都无法应对战事多发的大环境。

安田财阀的主营业务是金融，因此很少帮助集团内的实业公司渡过难关，没有出现什么问题。但是1922年，在第一次世界大战后不景气的影响下，浅野财阀陷入了危机，于是安田进行了救济和整合。浅野财阀有一个叫作日本昼夜银行的典型机构银行。通过这次救济，安田财阀接收了原来浅野旗下的实业公司。

安田财阀集团的企业有，安田银行（后并入富士银行，再后来并入瑞穗银行）、安田信托、安田火灾海上等嫡系金融机构，以及四国银行、大垣共立银行、肥后银行等地方银行，还有金融以外的龙头企业，如东京建物、日本精工。另外，浅野财阀只有太平洋水泥、日本钢管（后为JFE钢铁）、冲电气工业等实业公司（虽然可能看起来数量很少，但是浅野财阀在全盛时期采用了部分出资并交由他人经营的商业模式，实际上浅野财阀旗下有很多企业），通过这次救济，安田成为了多元化的财阀。

5.1890 年的恐慌

这一时代的很多银行，都是为了给实业家集资而成立的，所以并不一定独立于实业公司。换句话说，也有很多银行实质像实业公司的别动队一样。

银行成为了贷款客户的股东

银行如果有富余资金，就会向新成立的公司提供贷款。在这个过程中，接受了那些公司的股票。用现在的话说，这是一种担保。但仔细分析，那些公司的股票其实并不能算作担保。因为，如果那些公司无法偿还借款，那么股价也会归零，最多也不过相当于土地建筑等资产的金额。而且，如果那些资产被抵押了，那么由于抵押权优先，这些股票就不能反映其资产价值。

银行之所以接受股票，可能是因为如果那些公司经营顺利，银行不仅能得到利息收入，还能得到股息收入，进而能得到股票卖出的收益。

现在，日本的银行可以持有其他公司的股票，但持股不能超过 5%。之所以有这样的限制，是因为如果银行成为了大股东，就会为了银行的利益而扭曲那些公司的经营。

具体说明从略，不同的国家对此有不同的看法。在德国，大公司的大股东通常是银行，而且，还制定了个人向银行寄存股票的制度，所以，银行拥有过半的表决权也不稀奇。

1890 年恐慌的机制

在这个时代，“有实力的公司很少上市”。所以，交易所是投机而不是投资的地方，也是投机倒把的舞台。那么，依此前提来解释 1890 年日本的第一次恐慌的话，其过程如下：

· 纺织业的设备过多，导致过剩生产→行业团体决定缩短生产时间（这是卡特尔的开端）→部分公司倒闭

· 持有倒闭公司股票的银行陷入经营危机

· 东京证券交易所的经纪人因为投机失败而破产

除此之外，交易所上市的几乎所有公司的股票也都下跌，这就是大崩盘。因此，企业也因无法集资而破产。

由该例可见：

· 由于工业革命导致的过剩设备

· 银行对企业的控制

· 证券（中介）公司的自营交易

上述因素，以及股票交易所的存在本身，都成了恐慌的导火索。用复杂的术语来说，就是出现了突发事件（emergency），即市场整体的性质与各部分（各行业）性质产生了分歧。这或许是资本主义的宿命。1890 年时，上市的公司还很少，所以，股价暴跌对经济的影响不大。但到 20 世纪，股市就开始导致恐慌了。

6. 企业的复兴时代

这样一来，19 世纪末的日企处于以下环境条件中：

· 产业和市场的成长扩大

· 恐慌和战争导致不稳定

回顾历史可以发现，没有一家公司是在幕末到明治维新期间成长起来的。明治维新是没有赢家的改革。所以无论是站在幕府一方还是勤皇一方，虽然涉及生死抉择，但即使幸存下来，商人们也不一定有好下场。无论站在哪一方，资金都会被抽走。当时的巨型企业是兑换商和豪商。德川幕府和明治政府都抽走了他们的资金。多亏三野村利左卫门向德川幕府最高层的小栗忠顺求情，减少上缴御用金，三井才免于破产。

明治政府依赖企业

明治维新后，明治政府依赖着大企业。明治政府依赖幸存的兑换商的结果就是，三井、小野、岛田负责国库出纳机关，三井、小野建立了第一国立银行。而且，由于明治政府内部的方针变更，小野、岛田后来都破产了。在金融以外的矿业、海运、制造业方面，明治政府支援了其中成功的公司，并且出售了国营企业。用小林正彬的话说，政商“无法摆脱”日本政府的援助。

换句话说，政商不是趁日本政府之危占了便宜，反而是被日本政府利用，以实现日本政府的方针。而且，日本政府的方针随着政府内部的对立而摇摆不定。所以，政商或者说私有企业，就会因为突然的方针变更而被拆台（三井本来按照涩泽荣一的命令准备建立中央银行，但伊藤博文不允，就让三井和小野组一起建立了第一国立银行），或者被迫在民间做无谓的争斗（三菱的海运业务和三井旗下的共同运输搞竞争）。

同一时期成立同一产业的公司

到 19 世纪末，工业革命突然席卷了日本，各种各样的公司应运而生。表 6 显示了在报纸、铁路、制铁、矿业以外的其他产业中何时诞生了什么样的公司。财阀的嫡系公司几乎未在其中。原因可能有：

· 财阀旗下的企业多数作为内部组织而诞生，即并非作为公司而成立

· 收购国营企业的公司是成立于被并入财阀之前

另外，该表主要选取了存续至今的公司。这是因为难以准确地追踪“已经消失的公司”，但是即使这样也能看出，同业的公司于同一时期诞生的例子。如下所示：

札幌啤酒（1876 年）、麒麟啤酒（1885 年）、惠比寿啤酒（1887 年）、朝日啤酒（1889 年）。

资生堂（1872 年）、花王（1887 年）、钟纺（1887 年）——这 3 家公司创业时属于不同产业。

川崎重工业（1878 年）、日立造船（1881 年）、长崎造船厂官办私营（三菱，1884 年）。

大发工业（1907 年）、铃木（1909 年）。

锚（IKARI SAUCE，1896 年）、可果美（KAGOME，1899 年）、富留得客食品（BULL-DOG SAUCE，1902 年）。

表 6　明治维新到第一次世界大战期间成立的企业

时间	企业名				
1869 年		木村屋总本店			
1872 年				资生堂	
1873 年	片仓工业		大成建设 ※		
1874 年			西松建设		
1875 年			古河机械金属		
1876 年	蜻蜓（学生服）	札幌啤酒			
1877 年		本高砂屋			三菱制纸
1878 年				盐野义制药	川崎重工业

（续表）

时间	企业名				
1881 年			户田建设	立邦漆	冲电气工业 精工日立 造船
1882 年	东洋纺				
1883 年			飞岛建设		
1884 年			同和矿业		
1885 年		麒麟啤酒	藤仓 东京瓦斯		
1887 年		惠比寿啤酒		日产化学 （肥料） 花王 钟纺 ※※	雅马哈
1888 年	仓敷纺织		引能仕		
1889 年	尤尼吉可	朝日啤酒			任天堂
1890 年		大日本制糖		参天制药	久保田 伊藤喜
1891 年		小岩井农场		狮王	
1892 年			大林组		
1893 年				日本化学工 业津村	
1894 年				大日本 印刷	
1895 年					安立
1896 年	富士纺 郡 是日本 毛织	锚 井村屋		东洋油墨	霓佳斯
1897 年			宇部兴产	大日本（住 友）制药	明电舍
1899 年		森永制果 可果美 三 得利		三共（第 一三共）	日本电气 御木本
1900 年		文明堂 日 清制粉	昭和壳牌 石油		
1902 年		富留得客 食品			
1904 年					则武
1905 年					日本碍子

（续表）

时间	企业名				
1906 年	瑞纳	明治制糖（明治）		旭化成	
1907 年	日清纺		科斯莫石油		旭硝子 亚玛哈 大发
1908 年				凸版印刷 大日本油墨	
1909 年		味之素		牛乳石碱共进社	铃木
1910 年				泡泡玉肥皂	
1911 年			出光兴产		日立制作所
1912 年				大正制药	
1913 年		好侍食品			

注：※ 创始人是大仓喜八郎；※※ 首任社长是三井得右卫门。

创新的同步性

笔者想在此解释一下“创新的同步性”这个概念。同样的创新内容会在世界上“不相关的地区”同步发生。例如，20 世纪 20 年代，美国化学领域的杜邦公司想到了分部门制度。不久之后，松下电器也采用了分部门制度。他们相互之间当然没有串通声气。化学和电子是不同的领域，但是两家企业在产品多样化这样的相同的环境变化下，采取了相同的适应性行为。

在日本的明治时代，创新是引进的，而非自发创造的。以啤酒为例，横滨的麒麟啤酒、北海道的札幌啤酒、东京的惠比寿啤酒、大阪的朝日啤酒。当时的啤酒还不是装入瓶子，没有远距离保存运输的技术。所以，日本各地都有酿造厂，其中存活下来的是麒麟、朝日、札幌。

有趣的是，明治时代的啤酒制造业，无论是在日本还是别国，都产自当地酿造厂。所以，啤酒制造业难以集中市场份额。现在的日本除了当地啤酒外，有 5 家公司（以上 3 家和三得利以及冲绳产的奥利恩啤酒）占据了市场。按教科书的定义已经属于寡头垄断，但放眼世界，集中度还是较低。别国的最大寡头所占份额比日本更高。

新产业的公司遍地开花

言归正传，当新的产业诞生时，往往会给人这样的印象，即想到新点子的那家公司就快速发展。但是现实中往往是很多公司都参与其中。

在明治时期的日本引进创新时，情况当然是这样，但在当时的欧美发达国家也如出一辙。例如，美国的电话产业诞生于1878年，但是这一年，有148家电话公司开始营业。这说明，爱迪生或者格拉汉姆·贝尔并没有垄断电话市场。

话题

神似的公司名：BMW 与大发

BMW 和大发，名字完全不一样，但“命名方法”却如出一辙。

首先，BMW（1916 年成立）是 Bayerische Motoren Werke 的首字母缩写，意思是“巴伐利亚发动机工厂（制造厂）”。大发（1907 年成立。1919 年开始生产汽车发动机）公司的全称是“大阪发动机制作所”，简称大发。

7. 非相关多元化的合理性

明治时代的日企，特别是财阀，进行了所谓的“非相关多元化”。当时的日企缺乏技术或知识，所以就引进了外国的技术，在日本制造和销售产品。因为不使用自身的技术或知识，所以多元化的领域不受限制。结果，大多是非相关领域的多元化。与其说财阀是这样发展起来的，不如说这样发展起来的公司成为了财阀。另外，如第二章所示，三菱是个例外，早在初期就推进了相关多元化。

多种经营的抗风险能力强

笔者想在这里稍微展开一些烦琐的讨论。明治时代，企业这种形式的组织日益增加，但同时风险也大，因为有战争导致的经济波动和恐慌等。为了抵抗这种风险，非相关多元化势在必行。换句话说，业务单一的公司承担的风险更大。

首先，假设 A 公司有 X 业务和 Y 业务，2 个业务互不相关。无论 X 和 Y 哪一个是“本来的主营业务”，都可以认为这就是典型的非相关多元化的状态。

假设 X 业务的“失败”概率为 3%。失败的定义，可以是“①亏损”，也可以是“②亏损幅度大于净资产”。而相对于失败，有 97% 的概率盈利。假设 Y 业务的失败概率为 8%。那么，业务 X 和 Y 同时失败的概率是多少呢？小学高年级数学告诉我们答案是 3%×8% = 0.24%。

但是，该答案成立的前提是，X 业务和 Y 业务必须互不相关。但是，现实中几乎不存在这种状态。比如，X 业务和 Y 业务都在日本运营，这样就不能说是“互不相关”了。因为受到同样的环境影响。

不过，在省略更复杂的计算和讨论后，可以认为业务同时失败的概率是更低的，近似于上述的 0.24%。

那么，关于 A 公司的 2 个业务，可以解释如下：

· X 业务和 Y 业务同时成功的概率为（100%-3%）×（100%-8%）= 89.24%

· 同时失败的概率为 0.24%

· 成败参半的概率为 10.52%

X 成功，Y 失败为（100%-3%）×8% = 7.76%

X 失败，Y 成功为 3%×（100%-8%）= 2.76%

然后根据该结果，可以指出以下 2 点：

① A 公司全面成功的概率不高

X 和 Y 的同时成功概率为 89.24%。如果 X 和 Y 分属不同的公司，那么成功的概率就分别高达 97% 和 92%。

②同时失败概率极低

以上①“成功的概率”与“同时成功的概率”之间相差不大。但是失败概率为

X = 3%，Y = 8%，X、Y 同时失败= 0.24%

可见降低了 1 个数量级。

另外，假设还有多元化业务 Z。该业务失败的概率为 10%。那么，X、Y、Z 全部同时失败的概率为 3% × 8% × 10%=0.024%。又降了 1 个数量级。相反，同时成功概率为 97% × 92% × 90% ≈ 80%。

即，多种经营难以“全部成功”，但“全部失败”的概率却戏剧性地下降了。而且，这样一来，平时几乎不用考虑“全部失败”的情况，由此增加了资本的抗风险能力。

如果 X 业务和 Y 业务各属一家公司的话，那么业务失败就可能导致公司破产。但因为它们被绑定在同一家公司，即使 X 业务失败了，资本遭受相应的损失，Y 业务的资本还是得以保存下来。

进一步说，在所有业务同时失败的概率非常低的前提下，也许可以减少投入资本。

比如，业务 X、Y、Z 的所需资本都是 30 亿日元，合计 90 亿日元。但是，这 90 亿日元同时用完的概率为 0.024%，即 4166 年一遇。所以，正常情况下也不必为此准备 90 亿日元。多种经营时投入资本可以少一点、省一点。

顺便一提，分析师似乎会对此讨论大摇其头。证券分析师会主张，多经公司存在多元化折让[1]（conglomerate discount）。进一步说，公司到底是为了提高股价而存在，还是以不受波动的影响为优先？这就是两种方针路线的斗争了。

企业向抗风险的大财阀集中

话题回到明治时代。结论是，多种经营的抗风险能力强。在这个时期诞生了各种各样的公司，这些公司在经济增长期业绩良好。但是，经济一旦衰退，业务单一的公司就会破产。另外，多经公司不仅能够存活下来，还能吞并破产的公司而做大。整体情况基本如此。

即，发展中国家（此处是指明治时代的日本）财阀的多元化与发达国家不同之处在于“非相关多元化”。但是，因为非相关，所以提高了财阀企业集团的抗风险能力，这一意外结果宛如天意。

[1] 多元化折让：多经公司的股票市值总额低于所持有的各业务价值总和的现象。比如，创业公司的股票风险高，但也可以期待高回报，所以偏好高风险高回报的投资者会买入。但是，如果该公司是成熟的大公司的一部分（不发行股票）的话，投资者会倾向于低风险，所以会形成低风险低回报的公司股价。

总体集中度的问题

多种经营的另一个优点是，可以用部分业务来支持不景气的业务，或者投资新兴业务。

试举几例。如波士顿咨询集团（Boston Consulting Group，BCG）的产品组合矩阵（Product Portfolio Matrix，PPM）（参照图 1）。

该图显示，如果有相当于“摇钱树”的业务，就可以向其他业务提供低成本的资金。当然，“摇钱树”的业务也要分红。但是，如果该业务产生的利润足够大，就可以在分红之后还剩有内部留存，然后投资到其他业务。

这种观点在现代不受欢迎。因为大量的内部留存会降低净资产收益率（ROE），压低股价。简单的计算公式为：

ROE ＝净利润 ÷ 净资产（资本金和准备金）

所以，如果净利润不变，净资产越少，股价就越容易上涨。而减少净资产的方法是，分红和回购自己的股票。

图 1　产品组合矩阵（PPM）

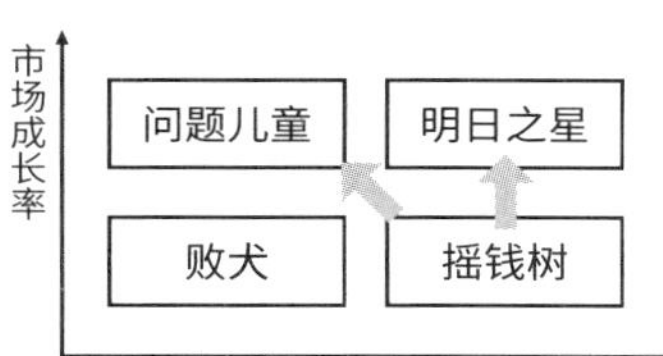

注：粗箭头表示企业内部的资金流动。

分红和内部留存意义相同的时代

这一时代的公司，很少公开募股，所谓的分红，是指向总部或者某家族分红，所以“分红等于资金外流”的说法并不成立。换句话说，此时的分红和内部留存的意义相近似。那是“企业集团等于某家族”、其资本金越大越好的时代，正因如此才能通过多元化抵抗风险。

第二个例子是现代的亚马逊（Amazon）。该公司是电子商务的巨头，据说全美国过半的家庭都是其付费会员，但是其电子商务却是亏本买卖。盈利来源于云服务器（Cloud Server）业务。因为是B2B业务，所以不太引人注目，但实际上是云服务在填补电子商务的亏损。

从公平竞争的角度来说，这样做是否合理，还得打个问号。因为，如果亚马逊的竞争对手（比如说S公司）的业务仅限于电子商务，那么S公司就不能通过亏本来降低价格或改善服务。相反，亚马逊可以用云服务的利润来补贴电子商务，通过杀价竞争把对手挤出市场。笔者认为在日本公正交易委员会看来，这种操作是不被允许的。

那么，亚马逊实际上是怎么做的呢？它从享受免费配送的付费会员，即Prime会员处收取年费。但是如果亚马逊强制供应商提供免费配送，这在日本公正交易委员会看来也是不合规的。所以，它对Prime会员提供免费配送，然后用其年费来补偿运费。无论如何，笔者的重点在于论述以下说法不成立：

·如果亚马逊没有会员制度，也不强迫供应商承担运费，而是平台自行补贴运费

·那么，这将导致亚马逊的电子商务亏损，但最终将在电商竞争中胜出

话题

自身资本为负的优质公司

在美国企业中，有些公司采取了比较极端的财务行为，即使是上市公司，也有自身资本为负的个例。在日本，比较知名的美国企业当属麦当劳。它通过回购本公司股票来减少资本金，然后分配超过利润的金额，导致自身资本变为负数。但麦当劳认为只要现金流充裕，就不会产生财务问题。投资者也认可，所以并不介意。

会员（例如亚马逊的 Prime 会员）制度的存在，在营

销界看来，目的在于 CRM[1]，即增加回头客。同时也是为了避免被指责为不正当竞争。

当然，如果 Prime 会员制度真的对竞争没有影响的话，那就没有问题。为避免跑题，相关论述到此为止。但在明治时代，大型企业集团宁可在某业务上降价亏损，也要打败竞争对手，没人指责这种战略。

· 市场：确实存在新的市场。门户开放后，市场就突然出现了

· 产业组织：竞争对手很少。特别是政府管制外资的缘故，没有强大的外资

由于以上 2 个原因，可以考虑加入的业务的范围相当广泛

· 金融资本市场尚未成熟：由于某种契机，拥有资金（资本）的公司得以成长。换句话说，“资本不均”这一趋势没有消除，反而加剧了

· 财阀通过非相关多元化，提高了抗风险能力

· 总体集中度的规定[2]不发达

在上述背景下，非相关多元化是合理的。

---

[1] CRM（Customer Relationship Management：客户关系管理）根据客户提供的基本信息（年龄，地址等）和消费记录进行的营销活动。20 世纪，能够获得客户信息的行业有限，但是通过网络和电子商务，得到了飞跃式的发展。

[2] 总体集中度的规定：集中度的规定包括市场集中度的规定和总体集中度的规定。市场集中度的规定是，规定市场份额过高的情况。相对于此，总体集中度的规定是，抑制特定企业集团经济力量集中而导致竞争失灵的情况。

8. 住友的业务拓展

那么，三大巨头财阀实际上是怎样做大的呢？先说住友，下谷政弘的说法如下：

明治前半期，住友也涉足了所谓的“初期多元化”业务（例如制丝、制铁、再生茶[1]、制造樟脑等）。但到后半期，就全部撤手了。因此，明治后半期以后，住友家的业务主要是两大支柱，一是以“财本”[2]为中心的精炼铜业务（及其衍生的相关业务），二是“银行业务（1895 年，住友银行的成立）”。后者起源于其利用仓库发展，类似于当铺的并合业务。

有趣的是，在江户时期（17 世纪后半叶），住友已有矿业和金融两大支柱。金融方面，通过兑换商打入了江户市场，稍早于三井的越后屋。但如第一章所述，当时因为江户的城市规模扩张，需要在江户和大阪都有分店的兑换商。不过，并合业务似乎与兑换商的商业模式不同。矿业即吉冈矿山，是当时住友的资金来源。别子矿山尚未开发。

[1] 可能是“再制茶”。幕末到明治初期的制茶业是靠出口欧洲成长起来的。但是“再制”，即委托出口商加工，导致利润率低，日本的茶叶也没有打出品牌。因此，有很多参与再制的日企。——引用者注

[2] 指别子矿山。——引用者注

另外，吉冈矿山在明治时代已是三菱的资金来源。产物为铜和硫化铁。矿山的有趣之处是，根据精炼等技术，或者金属市场的需求，开采出来的金属会随之变化。别子矿山产铜和银。吉冈矿山在住友持有期间主要产铜，另外还有硫化铁（可做涂料的原料）。在此，日本首次通过提炼硫化铁，制造出了一种红色颜料——铁丹。三菱接手时，此处是日本唯一的硫化铁矿山，铁丹在明治时代因为作为玻璃的研磨剂而需求剧增。

住友没有商社

住友在第一次世界大战（1914 年）最景气的时期推进了多元化，这是现有的定论。但是，如果按照年表的方式整理，就会看到些微不同的迹象。

话题

金山即银山

从事金属相关工作的人都知道，矿山中经常可见到多种金属矿床。例如，釜石矿山有金、银、铜、铅、锌、铁矿石、铀，尾去泽矿山有铜、锌、铅、硫化铁、锰。佐渡岛以金矿闻名，同时也产银。

1876 年，住友别子铜矿土木方（后来成为三井住友建设）。

1884 年，大阪商船（代表是住友总理广濑宰平，但在资本上不属住友。不过，后来加入了住友旗下）。

1888 年，新居滨制作所（别子铜矿工作方后为住友重机械工业）。

1893 年，大阪保险（在此阶段尚不属住友。1916 年加入大阪商船集团旗下）取得庄司煤矿（九州），1924 年参与坂煤矿（北海道）的经营（后成为住友石炭矿业，再后来成为住石综合材料）。

1895 年，住友银行。

1897 年，明电舍（1966 年加入住友旗下）；收购日本制铜，成立住友伸铜场（后成为住友金属工业，住友电工）。

1898 年，别子矿业所山林课（后为住友林业）。

1899 年，住友本店仓库部（后成为住友仓库）；日本电气（在此阶段尚不属住友。首席股东是西电公司，但为了避免 1932 年打压外资的政策而委托住友经营）。

1901 年，住友铸钢场（收购日本首家民间平炉公司日本铸钢所后成立，后为住友金属工业。再后来成为日本制铁）。

1907 年，日之出生命保险（后为住友生命保险。在此阶段尚不属住友。1924 年加入住友旗下），磐城水泥（后为住友大阪水泥。在此阶段尚不属住友。1963 年加入住友旗下）。

1909 年，邓禄普日本工厂创业（后为住友橡胶工业。1963 年加入住友旗下）。

1910 年，日新工业社 [在此阶段尚不属住友。1930 年与住友电线（现住友电工）合作建立日新电机]。

1913 年，住友肥料制造所（别子铜矿的一个部门后发展为住友化学）。

1916 年，正连寺川沿地主联合（1927 年改为大阪北港，1944 年改为住友土地公务，1945 年改为日本建设产业，1952 年公司更名为住友商事）。

1917 年，东海电线制造所 [该阶段不属住友。关东大地震造成了巨大的损失，1931 年与住友电线（现住友电工）进行资本合作成立住友电装]。

1918 年，日米板硝子（在此阶段尚不属住友。1922 年由住友重建为日本板硝子）。

1925 年，住友信托（后为三井住友信托银行）。

有几点需要注意：首先，住友商事虽然是 1916 年作为地主公会成立的公司，但住友集团在第二次世界大战结束前几乎没有做过商社业务。这也并非其方针。根据记载，“二战”结束后，为了保障员工的生活，住友才选择了商社这种即使少量资本也能做起来的业务。当然，他们直到现代都做得很成功。一般人的印象中财阀就是做贸易，但住友不同于此。

住友通过 M&A 加入金属加工和制铁

第二个例子，是 1897 年的住友伸铜场。从名字上看，似乎是住友依靠别子矿山（的精炼业务）和自身的专业技术成立的公司，但实际上是在中日甲午战争后的恐慌中，住友收购了陷入经营危机的日本制铜。然后在 1899 年，又收购了大阪制铜。据住友的公司史记载，该公司为“日本首创的展铜业务”。住友本身就是精炼铜的公司，所以没有从西欧引进现代的轧制加工（展铜）技术。因此，他们通过企业并购进入了展铜领域。

第三个例子，从事精炼业务的是住友金属，该公司不仅经营有色金属，同时也是制铁的龙头。但住友没有制铁的专业技术，所以在 1901 年收购了日本铸钢所。由此两例可见，即使是历史悠久的金属大企业，也很难“跟上”随明治维新而来的创新大潮。

第四个例子，可以说是住友被“牵扯进去”的例子。

住友是关西第一大公司，一有新业务就会被牵扯其中。在本章的举例中，就有涩泽荣一的大阪证券交易所。1884 年的大阪商船亦是如此。而且说到海运，就离不开保险。所以，1893 年成立的大阪保险 20 年后成了大阪商船集团。

住友“化”

第五个例子，是从年表可以看出，有很多“不属住友的公司”被住友合并、整合……虽然说法各不相同，但大体上结果就是逐渐加入住友旗下的例子很多。

1907 年成立的日之出生命保险就是一例，这一年被视为住友生命的成立之年。日之出生命的创始人是医生冈本敏行。成立时的社长是大仓喜三郎，冈本任专务董事，总部设在了东京。

说到大仓这个姓氏，名人有喜八郎（1837—1928 年，大仓财阀），但在其家谱上却没有喜三郎这个人。喜八郎出生于新潟县新发田市，喜三郎的出生地不详，但他俩同在新潟县长冈的宝田石油（19 世纪末与日本石油并列为日本两大石油公司。1921 年二者合并）任董事。另外，出生于长冈的梅浦精一（1852—1912 年，石川岛造船所专务董事等。涩泽荣一的部下）之女是喜三郎之妻。至少看起来他们都不属于住友一系。

日之出生命创业时的董事还有：

白石元治郎（1867—1945 年），浅野财阀创始人（浅野总一郎）之婿，日本钢管首任社长。

久米民之助（1861—1931 年），出生于宫内省，辞任工部大学校助理教授后加入大仓组（大仓财阀），后担任众议院议员（1898—1904 年）。顺便一提，他祖母的娘家是五岛家，即掌管东急[1]的家族。

福岛行信（1874—？），出生于有乐座[2]，九十二银行的董事。他有可能是东洋涂料制造的社长。其妹是三井的中上川彦次郎（福泽的侄子）的次子之妻。

以上三人也并非住友系的人。

随后，1923 年发生了关东大地震。住友因为本部在关西，所以受到的影响相对较小。恐怕正因如此，1924 年住友才合资收购了日之出生命。

除了日之出生命，住友还收购了明电舍、日本电气、磐城水泥、邓禄普、日新电机、日本板硝子等。很多独立公司在经营危机时接受了住友的救助，然后被定位为住友集团的公司。这一过程称为住友“化”，是住友的显著特征。

[1] 东急，原名东京急行电铁，是一家日本综合企业及控股公司，为以铁路运输及地产开发为核心的东急集团的母公司。——译者注

[2] 有乐座，座是日本式的封建行会，有乐指有乐町，地名。——译者注

住友在20世纪20年代为什么看起来“好像”多元化了

那么除上述的公司之外，如果要挑选出“纯住友”的公司，大概有以下几个：

1888年，新居滨制作所（后为住友重机械工业）。

1895年，住友银行。

1898年，别子矿业所山林课（后为住友林业）。

1899年，住友本店仓库部（后为住友仓库）。

1913年，住友肥料制造所（别子铜矿的一个部门，后为住友化学）。

1925年，住友信托（后为三井住友信托银行）。

在一般人的印象中，住友在第一次世界大战期间并不积极推进多元化。再加上前文中住友或收购或参与经营的公司，如下所示：

1897年，住友伸铜场。

1901年，住友铸钢场。

1916年，大阪保险。

1922年，日米板硝子。

1924年，日之出生命保险。

1932年，日本电气。

以上年表是按照其加入住友旗下的年份，而非其成立年份排列。总之可以看出，住友似乎并未“在第一次世界大战期间积极进行多元化”。

行文至此，稍显混乱，原因恐怕是笔者将业务拓展的讨论与集团组织的讨论“混搭”了。一方面，住友的多元化进程是十分缓慢的；另外，在 1921 年成立合资公司、公司化业务部门以及在指定集团企业“连系公司”的过程中，住友集团的组织发生了急剧的变化，尤其是指定连系公司[1]集中发生于 20 世纪 20 年代。结果就显得住友在该时期快速推进多元化。

住友一度依靠铜山的“一枝独秀战略”

我们通过实际的数据来进行说明。表 7 是住友集团整体的利润，与各个收入来源公司的利润变化。表中写着“比例”的是该公司在集团整体利润中的占比。例如，别子矿山 1875 年占 119%，即其利润大于集团整体的利润。换句话说，住友集团一度依靠别子矿山的“一枝独秀战略”。

为了保险起见，看一下同年各项业务的利润，除了别子矿山，就只剩“白水丸”号了。这是一艘从英国买来的木制蒸汽船（排水量 54 吨），于 1880 年因事故沉没。但住友之

[1] 连系公司：指集团内的主要公司。住友合资特有的说法。

后还时不时陆续买船，由此和大阪商船搭上了线。不过，包括“白水丸”号在内，海运业务的利润不大。所以，别子矿山的“一枝独秀战略”持续了一段时间。

表 7 住友的净损益与主要业务的贡献

（千日元，%）

年份	利润合计	别子矿山	（比例）	银行	（比例）	伸铜场	（比例）
1875	83	99	119				
1876	69	104	151				
1877	101	111	110				
1878	128	130	102				
1879	89	98	110				
1880	173	201	116				
1881	154	145	94				
1882	180	178	99				
1883	167	196	117				
1884	44	-2	-5				
1885	54	43	80				
1886	78	68	87				
1887	148	137	93				
1888	300	278	93				
1889	269	231	86				
1890	215	197	92				
1891	197	176	89				
1892	40	-8	-20				
1893	306	219	72				
1894	496	362	73				
1895	701	561	80				
1896	1019	695	68	188	18		
1897	854	575	67	238	28	-1	0
1898	1141	666	58	341	30	25	2
1899	1308	917	70	334	26	95	7
1900	1589	1271	80	428	27	141	9

（续表）

年份	利润合计	别子矿山	（比例）	银行	（比例）	伸铜场	（比例）
1901	1832	1710	93	427	23	111	6
1902	1711	1322	77	351	21	129	8
1903	1663	1413	85	223	13	200	12
1904	1708	1475	86	346	20	385	23
1905	1726	791	46	545	32	640	37
1906	2142	1604	75	657	31	155	7
1907	1067	1292	121	547	51	56	5
1908	375	37	10	818	218	23	6
1909	1317	979	74	673	51	-30	-2
1910	965	677	70	578	60	-80	-8
1911	1710	720	42	671	39	60	4
1912	3504	2097	60	1050	30	308	9
1913	3911	2389	61	917	23	258	7
1914	3679	1641	45	755	21	744	20
1915	3986	2752	69	360	9	1519	38
1916	8128	7243	89	866	11	3576	44
1917	19961	7657	38	3,896	20	7044	35
1918	16735	5002	30	3,044	18	8154	49
1919	32105	2867	9	4,817	15	3673	11
1920	15064	-480	-3	13840	92	3281	22

资料来源：下谷（2020）。

住友银行的战略性扩张

1895 年成立的住友银行是住友的第二个核心业务，第三个是收购后开始入局的展铜厂（1897 年），接着是铸钢厂（1901 年）。

表格中只列出了展铜厂，但从 1914 年左右开始，它就成为了全集团的收入支柱。从后来的发展来看，展铜和铸钢都成为了住友金属的业务。现在住友金属已经不存在了，住友集团现在的“门面”应该是展铜厂的“现在形”，即住友电工，当然这一说法有些牵强。

不管怎样，住友逐渐实现了多元化。在发生关东大地震的1923年，安田银行一口气合并了10多家银行。从次年开始，住友银行就陆续或合并或联合了田中兴业、若松商业、久留米、浅田、若山仓库、佐贺百六、丰前、三州平和等各家银行。1929年，住友银行的存款额赶超了这些银行。住友展铜和铸钢合并后，1935年诞生了住友金属工业。

关于住友银行，还有一点要补充的是，它在这一时期似乎有明确的扩张意愿（战略）。读者们可能认为扩大规模是理所当然的，但同时期的三井和三菱并不太在乎增加存款。因为在当时，其他中小银行的存款会自然而然地流向大银行，所以三井和三菱反而苦恼于存款多得不知道怎么用。那么住友呢?

如果再看一下表7，就会发现，别子矿山的盈利从1919年就开始下行了，到1920年就亏损了，与第一次世界大战结束的时间一致。表格中没有列出，但1921年也是亏损。到了1922年才有所恢复，但由于住友集团扩大了业务规模，所以相对而言，别子矿山的地位下降了。而且，如果其利润随着经济波动而变化，那么就需要寻其他收入来源。

所以，住友就把目光投向了银行。整件事的逻辑是：

· 住友的出发点是别子矿山的收益能力相对下降

· 所以，住友要提高银行的收益能力

· （还）要扩大与住友集团以外的客户的业务

· 为此，除了“自然而然就会聚来的存款”，还要主动揽储

· 但是，大藏省不允许开设支行，所以就把其他银行纳入集团

· 贷款客户是优质公司

· 但是随着时间的推移，由于某种原因，必须接受住友银行的支援

· 这就实现了住友“化”

用这个逻辑可以解释前述的现象。

当然，这种需要耐心的实际上也需要很长时间的战略，在推进过程中，住友的所有者和经营者也会更迭，方针也可能有所修正。但可以肯定的是，像前文所写的那么耐心的战略，也是环境使然的适应性行为。所以，即使住友换了负责人，具体措施也变化不大。

9. 三井成为最大财阀的过程

接下来说说三井。如前所述，三井在幕末和明治维新时期受到了当权者的摆布。原打算让三井组的银行成为日本的中央银行，但被伊藤博文喊停了（伊藤并不是蓄意阻挠三井的野心，而是他认为私有企业可以成立美国式的国民银行）。于是，三井就成立了第一国立银行作为国民银行，但又被涩泽荣一控制，只好另外成立了三井 BANK。

三井 BANK 和三井物产都是成立于 1876 年。此时，住友除了别子矿山以外别无他业。住友银行成立于 1895 年。与其说三井先行一步，不如说住友一如既往地慢一拍（笔者并非批评，只是陈述既往事实）。

三井 BANK 的经营危机与中上川的两项工作

三井 BANK 于 1891 年遭遇了经营危机，原因是贷款的坏账。井上馨让其侄中上川彦次郎（1854—1901 年）出面，向福泽谕吉求援。中上川在英国留学期间认识了井上，回国后应井上之邀当了官僚，但在（1881 年）明治十四年政变中下野。后应三菱的庄田平五郎之邀，担任了山阳铁道的首任社长，但不久就辞任去了三井。他就是后来成为三井合名理事长的人。

三井于 1888 年接受了三池煤矿的出售，把它作为财务引擎来推动业务拓展。但是，提供出售资金的三井 BANK 在贷款方面出了问题。中上川在三井的工作有两项。第一，处理三井 BANK 的不良债权；第二，实现三井合名的工业化。当时，三井的当权派是三井物产的益田孝（三井的亲信）和中上川。幕末以来，三井靠的是三野村利左卫门、益田以及中上川，即外部人才，才得以度过危机。

三井发展制造业并不消极

益田和中上川携手推动了银行改革。但是，在工业化方面，益田似乎不太买中上川的账。结果形成了不同派系，而派系之间产生了摩擦。另外，中上川处理不良债权太过严苛，名声不佳。加之中日甲午战争后，日本制造业普遍低迷。所以中上川拓展业务也未获好评。如此这般，中上川 47 岁就去世了。

于是，由于这样的经历，三井历来被认为发展制造业的积极性不足，或者说尚未成功。三井的主营业务是金融和商业，即越后屋。但是，作为历史悠久的东京豪商，三井在服务国家（先是幕府，后是明治政府）的过程中，或者说在配合涩泽荣一的方针的过程中，以及在寻求投资机会的过程中，开展了各种各样的业务。其中也包括制造业。小林正彬写道：

> 于是，在太平洋战争败战时，曾经的商人资本三井在重工业方面，基于在日本国内交纳资本，在矿业、造船业、化学工业的领域中位于三大财阀中之首。在金属工业方面仅次于住友，在机械器具工业方面仅次于三菱。而在轻工业领域，除了称霸造纸业，还是陶瓷业、纺织工业、农林、水产、食品、所有杂业的领头羊。

以下列举一些具体的企业以梳理其发展过程：

【东芝】

1875 年，田中久重在银座创办了电信机工场。

1893 年，他从三井那里挖来了藤山雷太（后来的藤山康采恩的领导者）。

最终，该公司因资不抵债而落入三井手中。可能是三井 BANK 持有其债权。中上川于 1891 年加入三井，所以，可以认为是他派出了藤山。毋庸置疑，东芝也得到了发展。

【王子制纸】请注意，此处并非指现在的王子制纸。

1873 年，涩泽荣一成立了抄纸公司，出资者是三井、小野、岛田。

1896 年，三井派出了藤山雷太（直到第二次世界大战结束，社长都是三井派出的）。

1911 年，由三井的藤原银次郎接任社长。

1933 年，合并为大王子制纸（王子、富士制纸、桦太工业的合并）。

藤山在东芝之后又被派到了王子制纸。后来的50年间，历任社长均由三井派出，所以，属于三井集团的公司。后来，王子制纸成为了日本最大的制纸公司。

【钟纺】

1887 年，东京棉商社成立。社长是三越得右卫门。业务内容最初是计划买卖中国棉花,但后来增加了纺织业务。三越收购了国营新町纺织所（后来的钟纺新町工场）。

1891 年，三井 BANK 的贷款使其摆脱了危机（中上川到任三井 BANK 之前）。

1892 年，中上川担任钟纺会长（未设社长职位）。

1894 年，武藤山治遵照三井 BANK 的命令，就任钟纺兵库工场（实际上的总部）的经理。

1899 年,与上海纺织合并,收购了河州纺织、柴岛纺织。

1900 年，收购了淡路纺织。武藤山治成为公司总经理。

1901 年，中上川去世。

1902 年,又与中津纺织、九州纺织、博多绢丝纺织合并。

在成立之初，钟纺就因为日本国内的过度竞争而缩小生产规模，一度陷入了经营危机。为了避免竞争，采取了一种“王道”的做法，即与其他公司合并做大。而且，中上川会长去世后，武藤山治也继承了这条收购路线。

【大赛璐与富士胶片】

1908 年，堺赛璐珞成立。

1919 年，包括堺在内的 8 家赛璐珞公司合并，成立了大日本赛璐珞(1966 年公司更名为大赛璐)。其股东是三井、岩井、铃木。社长是三井出身的森田茂吉(1865—1962 年)。

1934 年，照相胶片部门独立（后为富士照相胶片，再后来成为富士胶片）。

8 家赛璐珞公司的合并是因为第一次世界大战的战后不景气。8 家中最大的是三井物产旗下的堺赛璐珞，合并由三井主导。而森田将独立门户的富士胶片发展成比母公司规模更大的企业。

【日本制钢所】

1907 年，北海道煤矿汽船与外资合作，成立了制钢及兵器制造所。

1919 年，与北海道制铁（轮西制铁所）合并。

1931 年，将制铁和煤矿从轮西制铁所剥离移管（轮西制铁于 1934 年与日本制钢合并）。

【日本制粉（NIPPN）】

1879 年，泰靖社成立。

1886 年，收购大藏省的制粉工厂，成立日本制粉公司。

1893 年，日本制粉公司解散，成立东京制粉。

1896 年，日本制粉成立。

1928 年，加入三井物产旗下。

创业初期，日本制粉的经营体制频繁变动。1904 年日俄战争的“特需”导致制粉公司大量涌现，而在经济衰退的过程中，日本制粉吞并了许多制粉公司。但最终日本制粉也无法独力存续，接受了三井物产的援助。

【小野田水泥（后为秩父小野田，再后来成为太平洋水泥）】

1881 年，以士族授产为目的而成立。

1901 年，与三井物产签订了独家代理合同。小野田水泥专注于生产。

小野田水泥也可以说是接受了三井援助的公司。其本来就是士族授产公司，经营体制脆弱。

【其他】

1903 年，三井物产船舶部（后为商船三井）。

1909 年，三井 BANK 从东神仓库独立出来（后为三井仓库）。

1915 年，电化学工业（后为电化），由三井旗下的权威人士成立。会长是三井物产出身的马越恭平。

1917 年，三井物产造船部。

1918 年，大正海上火灾保险（由三井物产成立）。

1920 年，东洋棉花从三井物产棉花部独立出来（1970 年将公司更名为东棉，2006 年并入丰田通商）。

1924 年，三井信托。

1925 年，三机工业从三井物产机械部（公司名来自旁线部）分离。

1926 年，东丽（三井物产出资）。三井合名收购了高砂人寿保险（次年，公司更名为三井人寿保险）。

1933 年，东洋高压工业（从三井矿山分离后为三井化学）。

福泽的门生拯救了三井

有趣的是，在 1888 年接受三池煤矿的出售之前，三井的前景并不明朗。他们从三井银行借了部分资金来竞标。然后，仅以微弱的优势击败了三菱，拿下了未来的“资金源泉”——三池煤矿。

可是，这次轮到银行陷入经营危机了。于是，井上馨派出了中上川彦次郎。中上川推动了激烈的改革，拯救了三井银行。然而，在此过程中得罪了不少人。无论如何，三井靠着三池煤矿和中上川重振雄风。

如前所述，中上川聘用了福泽的门生，让他们担任三井的要职。不仅是三井本身的要职，还把他们安插到投资对象、接受三井援助的公司的要职上……委托他们经营制造业。他自行就任钟纺的会长。而且，中上川去世后，三井也继续经营着这些公司。

继续经营并非只是为了平衡收支而勉强支撑。而是像钟纺那样开展了企业并购，或者像大赛璐那样在不景气时成为整合企业的核心，同时还帮助那些公司开拓了有前途的新业务。三井在制造业上野心勃勃。

团琢磨这位“理科人才”的贡献

团琢磨是益田的接班人。团琢磨曾随岩仓使节团赴美留学（1871 年）。其最高学历是麻省理工学院（矿业学科）毕业。回到日本后，曾担任东京大学的助理教授等职务。1884 年加入工部省，以官僚身份担任国营三池矿山的工程师。1888 年在矿山出售时应三井的强烈要求加入了三井。1893 年任三井矿山的常务理事。1909 年任会长。1914 年任三井合名的理事长，即三井的最高领导人。

益田孝于 1911 年退休。所以，他没有参与大赛璐和富士胶片的成立、王子制纸的大合并、日本制粉的救援、三机工业、东丽、东洋高压等业务。三井与住友不同，人员（经营者）更迭后经营方针也会随之变化。但是，公司不像人一样会衰老和退休，所以，能够持续地传承经营资源。这一点与住友相同，或者说，放到哪家公司都一样。

1893 年至 1909 年间，在三井内部一定有不少人不看好制造业。因为大环境“不景气”和“益田与中上川的不睦”。不景气是事实，不睦是推测。重要的是，即使逆风，各公司也都在努力前行。

回到前面的表5上。这是从1893年到1909年，三井银行从三井系的某家公司取得收入（利息收入和票据贴现收入的总和）的情况。中日甲午战争后，由元老井上馨和三井主导，于1900年成立台湾精糖。目的是促进日企在中国台湾发展工业。股东包括宫内省以及益田孝。

中上川于1891年加入三井银行。他切割了不良债务人，并同时成立了三井工业部，积极地发展制造业。所以，1893年、1897年的贷款对象中有钟渊纺织和芝浦制作所。即使中上川退居幕后,这些公司也仍然是大额的贷款对象。

公司的规模扩大后，各业务部门和实业公司必须应对各自所面临的问题。否则，企业集团就无法做大。部门和公司有了得力的干部，就能不断积累经营资源，组织就能够自主地运作起来，三井就此做大做强。

财阀因物产、银行、矿山而完整与非相关多元化的开端

一段时期内，景气变动带来的收益波动，被益田的主营业务物产、中上川改革的银行以及团琢磨领导的矿山所带来的利润所抵销。这体现了前述的“财阀型多元化”优势。

外部经营者与“三井家”的良好关系

另外，《史料述说三井的历程》（『史料が語る三井のあゆみ』）书后附有一份简单的年表。有趣的是，其中有这样的记载：

1907 年，三井家同族的重要人物三井高景、益田孝赴欧美考察。

1910 年，三井高栋与团琢磨共赴欧美考察。

三井高景（1850—1912 年）和高栋（1857—1948 年）于 1872 年随同大藏少辅吉田清成赴美募集外债，他们在当地的银行接受了培训。后来，高栋成为三井家的代表，高景成为三井矿山的社长。益田于 1863 年随其父参加过遣欧使团。团琢磨毕业于麻省理工学院。对这 4 人而言，出国并非什么特殊的经历，但却特别记载了这件事。

其原因当然不只是高栋想携其妻苞子(富山藩主之女）及长女庆子（后来嫁给了中御门侯爵）赴海外旅行，或许是想要加强创业家族（三井家族）与外来的经营者之间的联系。团琢磨回日本后，出任三井合名的统帅（理事长）。

相比之下，住友因为创业家族人丁稀少，所以采用了所谓的“掌柜经营”。三菱是岩崎弥太郎和弥之助两兄弟的嫡系经营，岩崎是创业家族。三大财阀经营的方式各不相同。

话题

三菱搞组织，三井拼人才，住友靠团结?

这句俏皮话经常用来描述3家企业集团的特征。笔者曾于1997年通过日本经济新闻社出版一本关于解禁纯粹持股公司的书。因此，我参与了DAIAMOND《哈佛商业评论》编辑部举办的一个小型研讨会。会上曾热烈讨论该话题。

有人问:“请问您对三菱有什么看法呢?”当时笔者就职于三菱综合研究所，除了本职的咨询工作，还服务于社长在经济界的活动。所以，不限于三菱、三井、住友，笔者还要学习其他大企业的历史知识，很是辛苦。但笔者对该问题的回答是“对外国人而言，三菱和其他企业没什么区别”。这是叫人最不是滋味的回答，感觉像让人热脸贴了冷屁股。但笔者至今认为，话糙理不糙。

10. 三菱与岩崎家的业务拓展

说回三菱。正如第二章所述，三菱的多元化过程中，还包括许多细小的、进展不顺的、形形色色的业务，基本如下（参照图 2）。

· 围绕海运（创业时的老本行）

· 以矿山为资金来源

图 2　三菱的业务拓展和协同效应

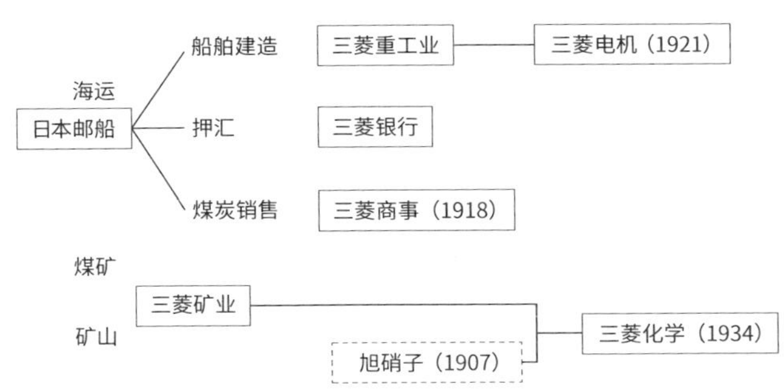

将该图以外的公司和业务一同概括后如下：

1879 年，东京海上火灾保险（首席股东是贵族联盟，岩崎位列第二。发起人是涩泽荣一）。

1881 年，明治生命（由三菱的福泽门生成立）。

1884 年，承租国营的长崎造船所（后为三菱重工业）。

1885 年，麒麟啤酒。

1887 年，东京仓库（后为三菱仓库。从三菱汇兑所仓库部独立出来）。

1895 年，三菱合资会社银行部。

1898 年，通过收购进入焦炭制造行业（副产品是化工产品）。

1906 年，大阪岛田硝子制造（1908 年改为旭硝子，岩崎家）。

1917 年，日本光学工业（从 1896 年成立的和田计器制作所的光学部门中分离并独立出来。岩崎小弥太出资）。

1918 年，三菱商事。

1921 年，三菱电机。

1927 年，三菱信托。

1933 年，新兴人绢（铃木商店旗下。1942 年与日本化成合并，加入了三菱旗下）。

1934 年，日本焦油工业（三菱矿业与旭玻璃对半出资后改为三菱化学）。

1896 年，三菱收购佐渡和生野的矿山、油户煤矿以及大阪精炼所后，就停止收购国营企业了。之后三菱继续买入各类“矿山”。这说明三菱和住友都以矿业为核心，拥有三池煤矿的三井也是如此。

三菱与岩崎家分道扬镳的原因

当日本政府大力保护三菱汽船公司时，要求三菱放弃其他业务。同样地，作为成立中央银行（虽然最后未果）的一个条件，三井就要被从经营不善的吴服店越后屋（即后来的三越）中分离出来。这是因为国家不允许受保护的公司把利润流用到其他业务，倒也合理。

换个角度看，政府如果不依赖三井和三菱，就不会有中央银行和军用船。在此背景下，三菱决定把三菱的公司业务与岩崎家的投资业务分割开来。

三菱银行的发展不具战略性

三菱也有遭遇挫折的业务。如 1880 年，三菱兑换所从邮船三菱公司分离出来。1885 年，日本邮船成立后，三菱兑换所就关闭了。邮船是合并公司，其中有三井的金融，所以就不再需要三菱来处理外汇金融业务了。

另外，臼杵藩和岛原藩两藩藩主关系亲密，共同成立了一家实业公司。但该公司陷入了经营危机，由臼杵藩成立的第百十九国立银行和岛原藩成立的第百四十九国立银行两家银行作保，向邮便蒸汽船三菱借了钱。结果，1885年两家银行都陷入了经营危机，二者进行合并后实际上由三菱经营，通过接收这家合并后的银行的业务等方式，1895年，在三菱合资内建立了银行部。此即三菱银行，所以第百十九国立银行被认为是三菱银行的前身。

总之，三菱原本无意成立银行，因此并不积极。三井的老本行之一就是银行，而住友银行蓄意发战争财，在太平洋战争末期成了日本最大的银行。三菱的情况则与二者不同。

搭上三菱的公司，没搭上三菱的公司

第二章提到的东京海上火灾、明治生命，还有旭硝子、日本光学工业等都是独立的实业公司。这些并非由三菱创立的企业，最初都未冠以三菱之名。如前说明，东京海上火灾带有浓厚的“涩泽荣一”风格，弥太郎是第二大股东（第一大股东是贵族联盟），明治生命是由在三菱任职的福泽门生创立的。

旭硝子是弥之助的次子创立的公司，主营业务是玻璃和碳酸钠。碳酸钠在三菱进军化学产业时发挥了重要作用。

另外，如图 2 所示，旭硝子与三菱矿业对半出资成立了日本焦油工业，也就是三菱化学的前身。换句话说，三菱矿业有煤炭的副产品焦油，而旭玻璃有化学技术，在此基础上，用现在的话说，就是三菱社的业务与岩崎家的业务“联动”了。

比较复杂的是三菱丽阳。

1907 年，后藤毛织成立。

1915 年，后藤毛织被铃木商店收购，更名为东洋毛织。

1917 年，东洋毛织、东京毛织物、东京制绒合并为东京毛织（铃木旗下）。

1927 年，铃木商店破产。东京毛织与毛斯纶纺织合并为合同毛织。

1929 年，合同毛织倒闭。

1930 年，合同毛织的部分部门独立，新成立了新兴毛织。

1933 年，更名为新兴人绢。

1936 年，以合同毛织重建公司的名义成立了毛织工业，委托钟渊纺织经营后于 1941 年被吸收合并。

1942 年，与日本化成工业（后为三菱化学）合并。

1950 年，财阀解体后，新光 RAYON 从日本化成独立出来（后于 1952 年改名三菱丽阳）。

一家与三菱毫不相干的公司最后却并入三菱旗下，这一案例十分罕见。如果没有战时的大规模合并，三菱丽阳恐怕不会被并入三菱。

日本光学（现尼康）是1917年岩崎小弥太个人出资成立的公司。其前身是东京计器制作所的光学计器部和岩城硝子制造所的反射镜部门。单筒望远镜、双筒望远镜、瞄准器等光学制品在那个时代多为军用。另外，岩城硝子在1952年得到了旭硝子的注资。岩城应该能算和三菱有缘的公司。

话题

三井和三菱没有钢铁业的原因

有一些主要产业就连三大财阀都没有涉足，其中的“大头”就是钢铁业。住友涉足过（或者说曾经涉足过，就是住金），但三井和三菱没有。原因是，二者的钢铁业都被并入了日本制铁。日本制铁成立于1934年，是日本政府整合钢铁制造商的产物。参与整合的公司如下。

· 国营八幡制铁所：1901年开业。这是整合中的核心公司。

· 北海道煤矿汽船轮西制铁场：1909年成立。北煤属三井旗下。

·釜石矿山：幕末时期由盛冈藩经营开始制铁。1874 年国营。1883 年关闭后被出售。1887 年成为田中制铁所。1924 年三井矿山取得经营权。

·九州制钢筑丰煤矿：由安川财阀成立（1917 年）。股东有涩泽荣一。

·富士制钢：1917 年成立。但很快陷入经营困难，1920 年浅野财阀接手重建。再次陷入经营危机而破产。涩泽荣一之三子正雄（1888—1942 年）于 1925 年请来永野重雄（1900—1984 年）（永野此时年仅 25 岁，请他说明他一定有过人之处）担任主管和工厂长。正雄作为涩泽荣一之子，担任过许多公司的高管。但是，从 1934 年的整合开始，他就专心于日本制铁，担任常务董事和八幡制铁所所长。永野则更加出色。第二次世界大战后日铁解体，从中诞生了富士制铁社，他任社长。与八幡制铁合并为新日铁后，他还担任过会长。

·三菱制铁：1917 年成立。主要制铁所在兼二浦（现朝鲜松林市）。

·东洋制铁：1916 年成立。日本制铁成立后，同年被吸收合并。从 1921 年起，委托八幡制铁经营。这是涩泽荣一成立的公司。

·大阪制铁：1916 年成立。日本制铁成立后，1936 年被其吸收合并。

总之，日本制铁是由国营的八幡制铁所，加上三井旗下的2家、三菱旗下的1家、涩泽荣一相关3家，以及其他1家公司整合而来。而且，成立年份多在1916—1917年。除了釜石、北煤轮西、八幡这3家老字号，其他都是在第一次世界大战之后成立的。换句话说，这些公司是在战时的钢铁“特需”中应运而生，在战后的萧条中走向整合。正因为这次整合，三井和三菱就成了没有钢铁厂的财阀。

另外，未参加1934年整合的主要公司有：川崎造船所（现川崎重工）、神户制钢，还有浅野旗下的3家公司，即日本钢管、浅野造船所、浅野小仓制钢所。此时有了株式会社制度（即股份制公司），也就有了股东。所以，日本政府指挥公司就不是如臂使指那么得心应手了。而后，1938年日本政府颁布了《国家总动员法》（下章说明）。逐渐变成了企业难以违抗国家意志的时代。

住友旗下的住友金属于2012年与新日本制铁合并改为新日铁住金。从1934年算起，经过78年，三大财阀旗下的钢铁厂都并入了日铁。

三菱的多元化是否积极？

从其业务拓展的情况来看，三菱似乎并不太重视多元化。住友则是逐渐地将各种各样的公司纳入旗下。因为在日本关西地区住友的势力最大，所以很多企业愿意加入住友为自己遮风挡雨。三井在进军制造业上表现得意外积极。至于三菱，其核心业务是矿山和造船，还有岩崎家的业务。虽然看起来业务范围很广，但好像并不太追求财阀式的非相关多元化。

11. 论点总结

在此汇总一些重要的论点。

①承担风险的是国家还是私有企业?

此前解释日本产业和企业发展过程时的“定论”是:

· 国家先开发了西欧国家相同的产业

· 通过收购国营工厂，私有企业得以进入这些产业。但当私有企业进入时，国家已承担了作为领跑者的风险，而私有企业则是“捡现成”的，所以，私有企业的风险相当小

并且收购的私有企业大多是所谓的财阀。所以，收购国营工厂有利于财阀的“低风险加入”，促进了财阀的成长。

话题

制丝厂和纺织厂的区别

制丝厂生产丝线（生丝），纺织厂生产棉花等。英语中也同样区别二者，生丝制造为 silk reeling，纺

织则是 spinning。因为，棉花是短纤维而生丝是长纤维，二者的生产过程不同，所以用词也不同。“纺线”是指纺织。

但事实却是：

· 日本政府最初想出售的工厂并没有买家，私有企业感兴趣的主要是矿山

· 出售纺织产业时，私有企业早已开展了相关业务

换句话说，日本政府想要出售的是，花了高年薪聘请外国人，还承担风险进入行业，但却没能产生什么效益的工厂（比如纤维工厂）。相反，矿山能够产生现金流，所以，日本政府不愿意放手。但日本政府又缺钱，只好不情愿地卖掉了矿山。

仔细看看出售的清单，就可以想到，三井可能是出于和日本政府的“交情”，才收购了新町纺织厂和富冈制丝厂。富冈制丝厂后来成了著名的世界工业遗产，但却被三井放弃了。新町则被钟渊纺织合并，但地位不高。

所以，日本政府虽然承担了风险，但是并不想垄断什么产业，也不想一直做领跑者。私有企业也承担了风险，而且自行拓展的业务要多于收购的国营工厂。

②成立综合商社的原因与多元化。

综合商社是日本特有的业态。为什么会出现这样的业

态呢？明治时期的日企进行了财阀型的非相关多元化，然后把各种业务的销售给集中到一处，就形成了综合商社。也就是部屋商人[1]（House Merchant）。

但从历史来看，情况却有些不同。三井物产成立于三井多元化之前。所以，其最初的主要业务是交易不属于三井的商品。因为住友家的方针，住友战前未设商社。第二次世界大战后，为了员工的生计和节约资本，才成立了住友商事。

结果是商社逐渐承担起了集团分散在日本各地的业务的营业销售功能。这对集团整体更为便利。当然，其客户也有财阀外部的公司。不仅如此，有时反而是外部交易更重要。然而，正是总部和东家的非相关多元化，给综合商社经营各种商品带来了合理性。有的商社既销售煤炭，又进口煤矿挖掘机械；还有的商社既供应军队被服，又提供大米等军粮。

整个过程是“门户开放→快速工业化→非相关多元化→综合商社”。

③机械工业的发展意外得慢。

机械工业的发展带来了欧洲的工业革命。例如，在纺织机和煤矿的排水泵上使用蒸汽机。又如，（使用哈伯–

[1] 部屋商人：该词无明确定义，此处指负责集团内业务部门的销售、采购、贸易等功能的组织。

博施法[1]）制造氮肥需要高温高压。詹姆斯·瓦特是英国工业革命的关键人物，他不是纺织大王，而是改进蒸汽机的人，即工业的机械工程师（虽然以前的职业是“钟表匠”）。再如，美国工业革命初期的一个优势是，其所销售的机器都备有可互换零件。

然而，日本从海外引进工业时，未能引入那些工业的机械技术，而只能引入生产机器本身。所以，日本的机械制造业遭遇了意想不到的困难，发展得很缓慢。换句话说，即使门户开放后工业化发展迅速，但也有些工业想发展也发展不了。

话题

丰田的供应商曾是丰田自动织机的供应商

与明治和大正时代相比，现在的日本机械工业已经有了长足的发展。其中，最重要的当然是汽车工业。或者说，也可以把它看作运输用机械工业。

当笔者第一次见到丰田旗下的零部件制造商时，

[1] 哈伯－博施法：制氨的方法。1906年由德国的哈伯和博施开发并实用化。可以大量廉价地生产化肥，使农作物的产量大增。

总会问他们一个问题，即“在给丰田汽车做零件之前，贵公司的主要产品是什么？”

答案多是“丰田自动织机的零件”。由此可见，他们一直都是丰田的供应商。当然，市场竞争非常激烈，光靠交情是不够的，还要有实力。即便如此，还是有很多公司存活至今。这可能就是藤本隆宏所说的“能力构筑”[1]的成果。

[1] 意指竞争倒闭企业提高能力。——译者注

第四章

恐慌与
三大财阀的发展

笔者个人从未购买过企业的股票。笔者最擅长的是企业分析，因此有很多人告诉笔者，会分析企业的话，购买股票就可能赚钱。但很可能，购买股票会使你对企业的评估产生偏差。例如购买了东芝的股票，买入时就会认为其价值被低估了，预测东芝将来会有更好的业绩。当然，笔者也会希望股价上涨，这时，会不由自主地认为东芝的业绩会变得更好。其实这不是逻辑，只是一种愿望，却欺骗自己说这是逻辑使然。

1. 经济持续衰退

许多经历过明治、大正和昭和时期的企业家和经营者可能会发现，在1890年以后的战争繁荣期和随之到来的繁荣衰退期，有时甚至是在萧条时期，自己处于一个难以区分逻辑和愿望的状态中。总结主要的经济变化，可以归纳为如下年表：1890年至1930年的40年间发生了7次经济危机。大多数情况下，这些经济危机发生之前有过经济繁荣期。这可能看似出乎意料。人们希望繁荣能够持续下去……但结果事与愿违。

1881 明治十四年政变发生。主张财政膨胀政策的大隈重信下台，松方正义成为大藏卿，实行财政紧缩政策（即所谓的“松方通货紧缩”）。

以下年表中原作者以“○”表示经济繁荣时期，以“●”表示经济危机。

○ 1882 日本银行成立。从1885年开始实行银本位制，物价稳定导致利率下降，进而引发创业热潮（铁路、纺织业）。

● 1890 经济危机，股价暴跌。

○ 1894 中日甲午战争爆发（进入繁荣期）。

1897 利用中日甲午战争的赔款实行金本位制，再次掀起创业热潮（铁路、纺织业）。

● 1900 因贸易逆差（由于棉花进口导致金币外流）和日本银行的收紧政策，导致第 2 次经济危机。

○ 1904 日俄战争爆发（进入繁荣期）。

● 1907 由于外债付息（因为日俄战争未获得赔款），以及棉花进口导致国际收支赤字，引发经济危机（第 3 次经济危机）。

○ 1914 第一次世界大战爆发（进入前所未有的繁荣期）。

1918 随着第一次世界大战结束而出现短暂的不景气（约 6 个月）。

1919 经济出现超过战争时期的繁荣（约 1 年）。

● 1920 进入真正的战后经济萧条期（第 4 次），标志着长期性经济停滞的开始。

● 1923 发生关东大地震（第 5 次经济危机）。

● 1927 发生昭和经济危机（第 6 次，仅限于日本）。

● 1930 发生昭和经济危机（第 7 次，与世界经济危机同步）。

执政当局政策的不成熟导致经济危机的爆发

为什么经济波动会如此剧烈呢？归纳理由可以得知主要有如下几点原因：

· 战争

· 震灾

· 银行（银行挤兑）

· 证券交易所（股价暴跌）

· 执政当局的能力

其中，地震灾害是无法避免的。战争亦非财政金融当局所愿，所以可以认为这两点是“无法避免”的。剩下 3 个原因则可以总结为：“对于资本主义的认识尚不成熟。”

必须指出的是，陷入经济危机的并非只有日本。自 19 世纪下半叶以来，德国一直受到不断的经济不景气困扰（值得一提的是，以普法战争的胜利为背景，德意志帝国于 1871 年成立，但这里的“普”仍然指的是普鲁士。德意志帝国成立后，普法战争的胜利反而引发了经济萧条）。

德国股市发达，但它经常在欧洲某地参与战争（虽然也有德国本国未参战的情况，但德国制造的武器性能卓越，因此它因为军火贸易常常实质上“参战”），此外，德国重工业和化学工业的供应能力在欧洲是最好的，因此需求波动，也就是好坏经济周期的波动非常巨大。

1929 年，美国华尔街大崩盘引发了全球经济危机。可以说，当时几乎所有国家都还不成熟。至于现在是否有所好转，笔者觉得也未必能肯定。关于 1990 年后日本的政策……虽然在此无意展开详细讨论，但在未来回顾这个时期时，可能会评价为这是何等不成熟的政策。

而且，不仅是当局和金融机构不成熟，在“二战”后，日本的纺织、造船、半导体等行业，也就是轻工业、重化学、

IT 等曾经是各时代的明星产业，都经历了困境。然而，尽管这些产业面临困境，却并没有导致整体经济下滑或者引发经济危机。经济危机几乎总是与金融资本市场以及政府有关。

从这个角度来说，与 19 世纪末 20 世纪初相比，当前的财政和货币政策取得了显著进步。如果硬要说些未必准确的结论未揭示的事实，那么笔者认为，自 20 世纪 80 年代后半叶以来，社会主义阵营的衰退与民主主义的胜利，可能是因为民主主义国家（大多是资本主义国家），以及跨国的财政货币制度和体系相对稳定。

如果再深入讨论一下，资本主义作为经济体系被实现了，似乎比社会主义的经济体系更为优越。此外，如果将资本主义视为经济体系，那么它的形式可以是多样的。在这方面，布鲁诺·阿玛布尔的《五种资本主义》[1]（《五つの資本主義》）似乎很好地展示了现实。

人们愿意相信恐慌已经结束

前文的年表中用○表示繁荣期，用●表示经济衰退和萧条。一眼就能看出，第一次世界大战后，在经历了前所

[1] 《五种资本主义》展示了资本主义的多样性，包括市场主导型、亚洲型、欧洲大陆型、社会民主主义型和地中海型。

未有的繁荣后，只剩下大萧条。关东大地震发生后，日本又被卷入发端自纽约的全球经济大危机，恰逢其时，所以也是无可奈何。这种无可奈何并非因为财政和金融政策在技术上的滞后或失败。让日本政府为此负责有些说不过去。

造成这一问题的原因有二，其一是，在这段漫长的经济停滞期之前，第一次世界大战之后经济经历了前所未有的繁荣，也就是说，由于之前经济达到了顶峰，因此这次下跌的幅度很大。其二是，由年表中 1918 年和 1919 年的项目可知，尽管第一次世界大战结束后，所有人都预料到经济会衰退，但大约半年后，经济又好转了。

为什么第二点会成为问题呢？因为大家都认为“啊，战后不景气结束了”。肯定有很多人希望如此。如果经济重新繁荣，就不需要改变经营方针。可以像战时一样继续埋头猛干。因此会产生误判，或者说，原本应该采取的应对措施会被忽略。

这种情况随时可能发生在任何公司身上。例子不胜枚举，比如日本的泡沫经济崩溃，美国汽车制造商晚了 30 年才开发小型车等。如果不认真分析环境而自顾自地做出判断，就有可能犯下决定性的错误。

其实，当人们想要自己做出有利于自己的判断时，实际上是相当危险的时候。决定性的失败正在悄悄靠近。当事者只有在事后才会意识到那个“失败”是悄然逼近的，而在旁观者看来，这个“失败”却是堂而皇之登堂入室的。

如果周围的人都是那些希望得出有利于自己的结论的人，那么产生的结果就是“愚众”。当危机来临时，人往往只听得进去与自己意见相同之人的言论。

第一次世界大战为日本带来的两次经济繁荣

冗长的讨论（或者说是对经营者敲响的警钟）到此为止，接下来看一下第一次世界大战期间和战后两次繁荣的原因。

首先，类似于中日甲午战争和日俄战争，战争产生的军需刺激了经济繁荣。其次，影响更大的原因是欧洲对世界的出口中断了。

因此，日本和美国都经历了繁荣。顺便说一句，尽管美国一开始并不急于参战，但由于德国军队对船只的无差别攻击导致美国人大量死亡，迫于舆论压力，只能于1917年参战。美国之所以参战，也有一部分原因是认为第一次世界大战如果拖延下去对自己不利。

相反，日本渴望参战。原因是要夺取德国在亚洲（尤其是中国）和南太平洋群岛的权益。但日本并不打算在欧洲参战。由于欧洲的参战国在欧洲以外也有殖民地，所以第一次世界大战使得原本只在欧洲进行的战争扩大为世界战争。

日本的意图可以说是显而易见的，所以美国并不希望日本参战，但最终还是勉强让日本参战了。随着时间的推移，欧洲的协约国感到疲惫，请求日本军舰前往地中海护航，日本在 1917 年做出了回应。这意味着日本进入了欧洲战场，总体来说，日本在某种程度上也算是参战了。

由于战争使日本的出口增加，海运状况良好，造船业也随之增长。这推动了钢铁产业的繁荣，而冶炼钢铁需要煤炭等原材料，因此不仅是传统的纺织业，重化工业在第一次世界大战中也变得繁荣。1918 年的出口额是 1914 年的 3 倍。在十五大财阀（详见第五章）中，新兴组合就是在这个时期迅速成长的。

此外，贸易公司发展得更好。如上所述，出口增加就意味着利润增加，但更重要的是，外资公司在大战中失去了作用。由于德国公司是敌对国企业，因此无法在日本开展业务。此外，由于欧美公司从幕末以来就在日本建立了基地，并在欧美和殖民地之间建立了联系（也就是所谓的"商权"），因此受到欧洲战乱的影响，贸易金融等方面遇到了阻碍。结果是，日本公司在贸易量增加的同时也取得了巨大的发展。

2.1920 年经济萧条的多米诺骨牌效应与企业向三大财阀的集中

那么，当经济陷入严重不景气时会发生什么呢？总的来说，许多新兴财阀将面临经营危机，最终导致日本企业被现有的大型财阀吞并。而这个前提正是笔者已经多次解释过的那两点：

· 大型财阀拥有煤矿和矿山，并以此为收入来源

· 非相关多元化对风险更具抗风险能力

下面将按顺序对此进行说明。

新兴财阀的债务依赖性相对较高

各大财阀利用内部资金扩张业务。当然，明治初期的三井资金紧张，也做过一些特技般的融资，但通过“中上川对三井银行的改革”“益田对公司业务的扩张”（三井物产像财阀总部一样推进自身的多元化经营）和“三池煤矿私有化”积累了财务实力。新兴财阀则没有这样的资金来源。

新兴财阀很难从大型财阀旗下的银行获得贷款

那么,新兴财阀从哪里获得资金呢?通常是机构银行,其次是非大型财阀旗下的银行。

为什么会这样呢?例如,若新兴财阀所从事的业务与大型财阀存在竞争关系,那么大型财阀旗下的银行应该不会乐意向该新兴财阀提供贷款。尽管他们可能会从中获利,但另外,这对于自己财阀旗下的公司来说就是不利的。这使新兴财阀很难与大型财阀旗下的银行开展业务。

再者说,新兴财阀为避免面临这类问题,在多数情况下也会避免与大型财阀旗下的银行交易。例如,为从三井银行借钱,可能需要提供自己的业务计划。这些信息自然会流向三井旗下的竞争对手。由此,新兴财阀相对来说更愿意从较小的银行或自家的机构银行获得资金。

新兴财阀的交易银行规模相对较小

如果一家新兴财阀发展迅速,那么它在银行贷款中所占的比例就会增高。正如表 5(第 170 页)所示,到 1900 年年底,三井银行贷款总额的 1/3 都流向了三井附属公司。如果连大型财阀银行的贷款额都这么高,那么即使不是机构银行,特定企业集团(新兴财阀)在银行资本中所占的份额应该也很高。

换句话说，向新兴财阀提供贷款的机构银行和中小银行无法分散风险。可以说，它们正在与新兴财阀“共担风险”。

新兴财阀的非相关多元化程度并不像大型财阀那样高

但是，如果新兴财阀的非相关多元化得到充分实现，其所拥有的业务同时出现风险（即同时破产或出现巨额亏损）的概率就会降低。然而，与大型财阀相比，新兴企业集团的多元化程度仍然较低。

此外，非相关多元化抵御风险的一个条件是“各业务的风险环境不同”。然而，1920 年的大萧条是由于第一次世界大战结束这个“单一风险的出现”造成的，在此背景下，即使是不相关的多元化，每个业务的风险环境也高度相似。因此，非相关多元化不足以使新兴财阀更具抵御风险的能力。

有往来的银行上调存款利率预示着危机

新兴财阀因贷款的依赖程度很高，即使在繁荣期和成长期也很依赖银行贷款。不过，如果事业发展良好，银行会争相放贷,因此利率不会上升,存款利率也不太可能上涨。但是，当经营状况出现问题时，银行便会分为愿意贷款的银行和离场的银行。换句话说,愿意提供贷款的银行减少了，这导致各家银行需要更多的资金来向风险较高的公司放贷，存款利率就会稍微上升。尽管一时存款可能会增加，但迟早会因谣言而发生挤兑。这最终会导致银行向风险公司贷款的资金不足，公司无法进行资金周转而破产。

破产后可能发生的情况如下：

（1）破产的公司被大型财阀收购。

（2）存款人为了安全起见，如果附近有大型银行的分行，会将资金转移到大型银行。

（3）中小银行即使没有经营危机，也可能发生存款流失。

在有些情况下，一家银行的倒闭会导致其融资公司的现金流崩溃。

这就意味着，企业倒闭是因一连串的弱势银行发生危机促成的。

·健全（但没有出路）的中小型银行正在被合并到大银行中。除了三井、三菱、住友之外，主要银行还有安田和第一银行。1923 年，安田银行（当时称为保善银行）在震灾发生后，将十多家中小型银行纳入旗下，并开始不断进行整合。昭和初期，第一银行合并了东海银行（并非战后在中京地区同名的都海银行，其总行设在东京）和古河银行（的一部分）。

早期的日本板硝子由三井、三菱、住友掌握

如前所述，正是在这种背景下，1920 年的经济衰退是大型财阀开始整合的催化剂。随后发生了关东大地震、昭和金融危机和大萧条（日本称为昭和大萧条）。

由于住友总部位于关西，受关东大地震影响较小，在这段时间内，发生了日之出生命保险公司（总部位于东京，1924 年被住友收购，后更名为住友生命保险公司）、日新工业社与住友电线达成合作（1930 年成立日新电机）、东海电线制造所与住友电线达成合作（1931 年成立住友电装）以及日米板硝子公司进行经营重组（1922 年更名为日本板硝子公司）等，这些可以理解为本书所说的住友集团推动“住友化”的一部分。

有趣的是日米板硝子公司。该公司成立于 1918 年，而旭硝子（现在的 AGC）成立于 1907 年。将这样的公司进行集团化，倒是住友的风格（非贬义）。他们在业务拓展方面的战略（准确地说是欲望）的“表现方式”上，与其他企业集团不同。

言归正传。在日米板硝子公司早期的监事名单中，可以看到马越恭平这个名字。此人是三井物产的董事，也是

大日本啤酒公司的社长。1918 年，他已经 74 岁了，但一直活跃在经营的第一线。重要的是，他不是住友的人。

至于董事，四名董事中有两人来自三菱（山田三次郎和米井源次郎），一人来自住友（总公司经理山下芳太郎）。山田在 1908 年任旭硝子玻璃的技术主管，是理科出身。他的叔叔是大久保利通。这很不寻常。后来他成为旭硝子玻璃的董事长，还曾担任日本化成（现在的三菱化学）的社长，而这些职务都是在担任日米板硝子的董事之后才接任的。

米井在担任由亲戚创办的明治屋的副社长后，1907 年，他拒绝了马越关于啤酒公司大规模合并的提议（这可能是岩崎先生做出的决定）后，成立了麒麟啤酒，并担任专务董事。

换句话说，日米板硝子公司在成立之初，并没有给人以依赖于特定财阀的印象。

1914 年，玻璃被禁止进口。到了 1915 年左右，美国发明了一种名为科尔伯恩法（Colburn method）的平板玻璃生产工艺技术，并申请了专利。杉田与三郎将其购买并带回日本，创立了日米板硝子公司。在当时他们对创业前景信心十足。

然而，随着“一战”的结束，从比利时进口玻璃被“复活”，日米板硝子公司陷入了经营危机。由于欧洲公司的卷土重来，质量低劣的日本公司陷入困境，这在当时是司空见惯的现象。但由于平板玻璃并非出口商品，因此损失仍然相对较小。

于是，住友于 1922 年着手对其进行重组。值得注意的是，这一年，山下芳太郎似乎因他的终身事业“片假名文字”（他甚至用片假名[1]写自己的名字。虽然这么说对他不敬，但他是高级官僚中极其罕见的怪人）而完全退出了住友，因此并未参与重组日米板硝子。不过，住友对这家公司非常了解。三井和三菱从这家公司创业之初就对其虎视眈眈，现在这家公司陷入了财务危机，住友抓住机会将其重建。

住友的“空降高管”

山下芳太郎（1871—1923 年）毕业于东京高等商业学校（后来的一桥大学），自 1893 年起成为外交官。在赴任印度、法国和英国后，他于 1901 年辞去官职并加入住友。此后，他在日俄战争中担任书记员，还曾是西园寺公望首相的秘书，但后来又回到住友，成为总公司的经理。

当时的住友聘请了许多外部官员担任高层职务。在这方面，住友与三大财阀的管理组织编制原则似乎存在很大的差异。由于住友位于日本关西地区，因此很难或经常延迟收到来自中央的信息，聘请前官僚可能是为了解决这一问题。

[1] 日本人名一般由汉字或平假名写成，使用片假名很罕见。——译者注

3. 从卡特尔到战时体制

这样一来，工业革命和战争给世界带来了大萧条和恐慌，日本则出现了明治时期确立的大财阀吞并企业的潮流。而这种“大萧条和恐慌”带来的结果就是卡特尔的形成。

日本过度竞争的原因

在这个时期的日本，技术的创新并不是自国内产生的，而是由国外传入。因此，国内只有极少数的企业能通过创新大幅提高生产力并取得优势地位。几乎每家公司都从国外购买专利、技术和机器，有时还会引进人才，当时一种业务可能在多个地方同时启动。这就是为什么会出现很多产能过剩的产业，即发生了所谓的过度竞争。在 1890 年年初的第一次经济危机期间，纺织业缩短了工作时间。这是首次正式形成卡特尔。

卡特尔进展并不顺利

与纺织业相比，造纸业更早出现卡特尔。此外，石油、人造肥料等行业也出现了卡特尔。然而，其进展并不顺利，原因有二。

首先是组织化率低。一些公司没有加入卡特尔，而是通过低价销售获利。特别是如果大公司不加入卡特尔，卡特尔的效果就不佳。其次是进口产品的冲击。

有趣的是，最先寻求结成卡特尔的通常不是行业老大，而是实力相对较弱的公司。

如果过度竞争持续下去，会发生什么？没有实力的公司会倒闭，而获得倒闭公司的生产设备和客户的公司会成长，最终赢者通吃，形成垄断。因此，如果认为自己的公司一定能够生存下去，符合利益的做法就是保持现状，继续自由竞争，即不建立卡特尔。

但是，大多数公司都会成为无法生存的“输家”。例如，如果50家公司合并为5家公司，那么45家公司将成为输家。因此可以肯定的是，主导卡特尔的往往是那些极有可能成为输家的公司。当然，对于行业巨头来说，结成卡特尔也有好处，但毕竟双方考虑的利益不同。

政府的支持是卡特尔成功的条件

能够对抗不加入卡特尔和垄断等现象的不是业界，而是国家。也就是说，从一般常识的角度来看：

（1）企业试图创建卡特尔，以阻止利益流向集团外部；

（2）当局通过监管来促进公平竞争。

然而，在实际情况中，如果政府不配合，外部的监管自然无从谈起。特别是在经济不景气时的卡特尔，政府批准其设立。因此，如果批准的卡特尔无法有效运作并发挥效果，对政府不利。

在大萧条和第二次世界大战的长期经济衰退期间，政府制定了以下法律来促进政府主导的行业重组。

一是在 1931 年颁布的《重要产业统制法》。

如果超过 1/2 的公司以团体形式提出统制协定，政府将在审查后批准成立卡特尔。此外，在 2/3 以上的公司达成协议的情况下，政府将通过其权力进行外部监管。换句话说，这是一项无法规避的制度。具体涉及的产业有 24 个，包括棉纱纺织、丝纱纺织、人造丝、洋纸、硬纸板、碳化物、漂白粉、硫酸、氧气、硬化油、洋灰（水泥）、小麦粉、铁矿石、合金铁、钢棒、角钢、钢板、线材、铜、黄铜轧制板、二硫化碳、精糖、挥发油、啤酒和煤炭。

二是同样在 1931 年颁布的《工业组合法》（通称，对 1925 年的《重要出口品工业组合法》的修改）。

这是一项主要针对中小企业的卡特尔保护法。这一法律修改的目的是“预防”商业上的弊端，并使政府能够对外部进行监管。也就是说，这是一部非常厉害的法律，即使问题尚未发生也可以取缔。涉及的受控产品超过 60 种，包括纺织品、毛线、搪瓷器、赛璐珞、火柴、玩具、磷酸肥料、印刷品、蜜糖、怀炉灰、制冰、炼瓦、味噌、酱油和冻豆腐。

上述这些品类并非当时日本的重要出口产品，因此，其是否真的是一项针对“出口”的法律修订值得怀疑，重点是政府已经能够介入产业内部的竞争。

迈向企业整合时代

比卡特尔更进一步的是企业整合。在内部组织中，基本上不存在竞争。然而，很难说股份公司是否会按照政府的意愿进行整合。在第三章中，笔者解释了三井和三菱的钢铁公司在 1934 年与其他公司一起被并入日本钢铁的情况。但是川崎造船所、神户制钢和浅野旗下的三家公司并没有参与其中。在法律上进行整合需要股东同意，日本政府并不能独断专行。

日本钢铁的诞生是这个时代政府主导的企业合并的象征性成果。到 1937 年，日本钢铁的市场份额达到了

83.9%。这意味着它可以自由决定自己购买原料和销售产品的价格（尽管这未必是一件好事）。

在此基础上，或者说与此同时，大型企业整合在各个产业领域展开。许多情况下是在政府的支持中进行的。之所以说“许多情况下”，是因为日本政府并非铁板一块。我们现在仍然经常说“有局无省（部）”（指官僚机构众多，中央政府部门较少）。不仅仅是官僚，政治家也一样。当时日本政府里的势力除了官僚和政治家，还有军队，而且还不是统一的军队，而是陆军和海军。协调各方意见相当困难。

举一个例子进行说明，1934 年，三菱造船和三菱飞机合并成为三菱重工业，但陆军和海军都反对此事。陆军因担心海军（其与三菱在造船方面有交情）对合并后的公司有强大的影响力而反对。海军则忌讳陆军进入自己的地盘。但是，三菱集团创始人岩崎小弥太还是实施了合并。

万能的《国家总动员法》

最终，日本政府正式开始全面控制经济。举个例子：

1937 年，《临时资金调整法》颁布。该法规定，金融机构向公司提供设备资金（用于新建、扩建或改建）或承销或发售证券必须获得政府批准。其目的是应对因全面抗日战争而引发的紧急情况。显然，日本政府认为这场战争有望迅速结束。

同时颁布的还有《进出口货物临时措施法》。该法案授予政府广泛的权力，包括进出口货物的限制、产品在国内的分配、生产和定价等。

此法案于1937年颁布，1918年制定的《军需工业动员法》也在同年施行。这是一项允许国家征用和管理民间工厂以促进军需生产的法律。尽管该法在颁布后的近20年内几乎未被使用，但在1937年全面抗日战争爆发后被启用。

换句话说，这些法律是在全面抗日战争爆发当年制定的。1938年，《国家总动员法》生效，对之前的法律进行了整合。这部法律的神奇之处在于，它的条款中没有任何具体的管制内容，而是以敕令的形式出现。直到第二次世界大战结束为止，日本天皇一直是陆军和海军的统帅。因此，当军队的意图以天皇的名义发布时，它就成了敕令。可以说，军方获得了完全的自由裁量权。

日本虽然存在卡特尔，但却没有托拉斯和康采恩

当试图解释20世纪初日本企业的重组时，人们可能会提到卡特尔，然后想写关于康采恩、托拉斯之类的，但实际上这两者都不存在。严格来说，可能存在被称为托拉斯

的相对较小的企业集团，但如果只有这样，我们甚至可以不考虑使用康采恩这个词来思考企业历史。

康采恩是同一时期出现在德国的企业集团，它整合了相关业务。我们可以将其视为稳定采购和销售而进行的合并。换句话说，这不是非相关多元化。这是一个容易引起误解的地方。如果日曹康采恩[1]或日窒康采恩[2]在经营上表现更好一些,它们可能已经发展成为非相关多元化的财阀。

或者说，由于日本成为发达国家后，非相关多元化变得更加困难（因为在各种业务领域存在拥有经营资源的竞争对手，利用自己的优势资源进行“相关多元化”更为合理）。因此，我们可以认为，（部分）财阀作为“成功实现非相关多元化的公司集团”，是明治维新后的 70 年中特殊的存在。

尽管可能有些冗长，但由于这是关键的内容，还是特别指出，笔者认为安田和野村都是财阀。换句话说，进行非相关多元化并不是财阀的必要条件。事实上，主要学者的观点并不一致。例如，像安田和野村那样专门从事金融业的集团是否是财阀，地方财阀是否是财阀，或者集团上市后是否就不再是财阀，这些问题都没有定论。

[1] “日曹康采恩”是以 1920 年中野友礼创立的“日本曹达”为契机诞生的，也属于新兴财阀之一。——译者注

[2] “日窒康采恩”是以野口遵创立的“日本窒素肥料”为基础建立起来的，以化学工业为中心的大型康采恩。是“新兴财阀”之一，也被称为“野口康采恩”。——译者注

学者意见分歧的原因在于现实世界的多样性。经营学不会超越现实而存在，这是其作为一门学问的健康的状态。企业家开创新事业，学者随后整理并传达事实认知。这是一种相互关系。

至于信托，维基百科称之为："被翻译为企业结合……"这种错误的翻译已经在不知不觉中成为常识，维基百科只是以实事求是的方式记录这种常识。然而，当讲述历史时，我们需要确认信托是在 19 世纪末到 20 世纪初的美国特有的"非结合"形式。在美国的信托中，公司并不合并。各公司的股票由股东"信托（托拉斯）"管理，而这个信托的经营者负责管理多家公司。

为什么要使用这种方法呢？这是因为企业合并和垄断的声誉不佳。但是信托是一种"方便"的形式，与企业合并一样，也受到了质疑。所以大约从 1910 年开始，利用控股公司进行横向整合就成了主流。企业希望钻法律的漏洞，设法提高市场份额并获利，而政府则试图加以抑制。政府推出的法律通称为《反托拉斯法》。该法律的目的还包括禁止卡特尔。

4. 财阀开始公开募股——以三井为例

随着卡特尔和企业整合行动的推进，三井物产和三菱也开始进行有限的公开募股。三井物产从 1933 年开始公开发行东洋高压工业、三池窒素、王子制纸、东洋丽阳（现在的东丽）、北海道炭矿汽船公司和其他公司的股份。次年，三菱随后也跟进了，公开了三菱重工业的部分股份，到同年年底，其股东从 23 人增加到 16036 人。1938 年，三菱公开了财阀总部的股份。到了 1942 年，公司又通过增资扩股将资本翻了三番。

对三井物产来说，这并非其初次进行集团企业公开募股。早在中上川和武藤山治入职前的 1889 年，钟纺公司就已上市，而三井银行于 1919 年上市。与三菱相比，三井在 20 世纪 30 年代首次进行公开募股的企业是在该财阀中处于边缘的企业，而非核心集团。

三井集团的公司分类

在《史料诉说三井的历程》（『史料が語る三井のあ

ゆみ』）一书中，有一张显示1944年三井集团的公司名称和从属关系的图（图3）。当时，三井总部似乎对旗下各公司进行了如下分类。

·嫡系公司：物产、矿山、信托、保险、化学、不动产、船舶、农林、造船、精机

·准嫡系公司：日本制粉、三井仓库、大正海上火灾保险、热带产业、东洋棉花、三机工业、东洋丽阳、东洋高压工业、三井油脂化学工业、三井轻金属、三井木船建造、三井木材工业

·三井旗下的33家子公司

·总部的10家旁系公司（帝国银行、北海道煤矿汽船公司等）

·嫡系公司的42家子公司

·嫡系公司（仅指三井物产）的4家旁系公司

·准嫡系公司的39家子公司

·嫡系公司、准嫡系公司的7家孙公司

总计157家公司。其中，有两点值得注意：

首先，三井银行并未出现在图中。三井银行本应是与三井物产一样的中枢公司，但在1943年，三井银行与第一银行合并成为帝国银行，因此，被列为三井总部的子公司。第一银行成立时是第一国立银行。该银行是应涩泽的要求，由三井组和小野组合资成立的；三井旗下的这两家银行合二为一，但合并后经营不顺，1948年该银行被拆分，恢复

为原来的两家银行。

其次，令人惊讶的是，一些公司如三越、电气化学工业、东京芝浦电气、大赛璐、富士胶片、小野田水泥制造等并未包括在内。原因是三井的持股比例不到30%。钟纺也是如此。

对于企业集团的理解，不同的思维方式会产生不同的角度。如果我们从上市公司的现行规定来看，就会发现，母公司的控制主要体现在两个方面：一是“资本控制”，即通过持股比例来决定是否将子公司的财务报表与母公司合并（通常是50%以上，有时也有40%以上）；二是“人员控制”，即通过派遣经理人来影响子公司的经营决策。而对于持股比例较低的公司（通常是20%以上），则采用持股法来计算净资产和净利润。

战前的三井不“承认”持股比例低的公司

另外，现代企业在考虑集团管理战略时，职能子公司的战略重要性往往较低。或者说，所有的销售公司的整体战略虽然在集团战略上是重要的，但总部不会从战略角度讨论其中一家公司的经营。

因视角不同，所谓重要的子公司也会发生变化。就上述案例而言，母子公司等相关法律法规主要关注保护投资

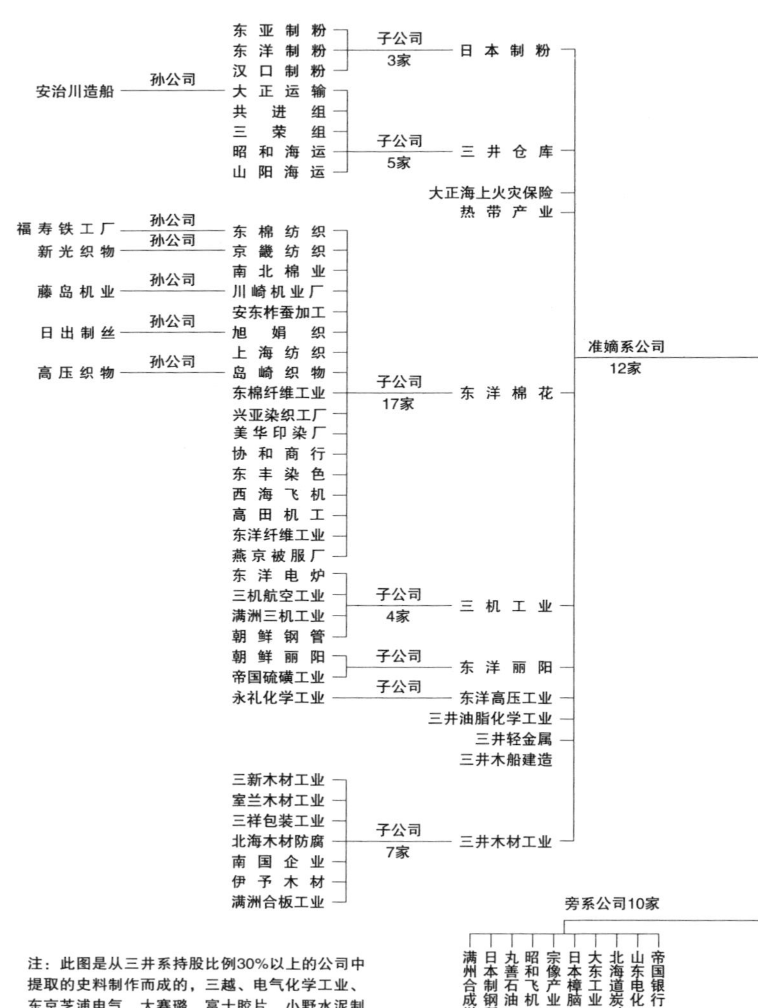

注：此图是从三井系持股比例30%以上的公司中提取的史料制作而成的，三越、电气化学工业、东京芝浦电气、大赛璐、富士胶片、小野水泥制造等三井系的公司不在此图中。
出处：三井文库编《三井事业史》本篇所载图。
出典：参考文献16。

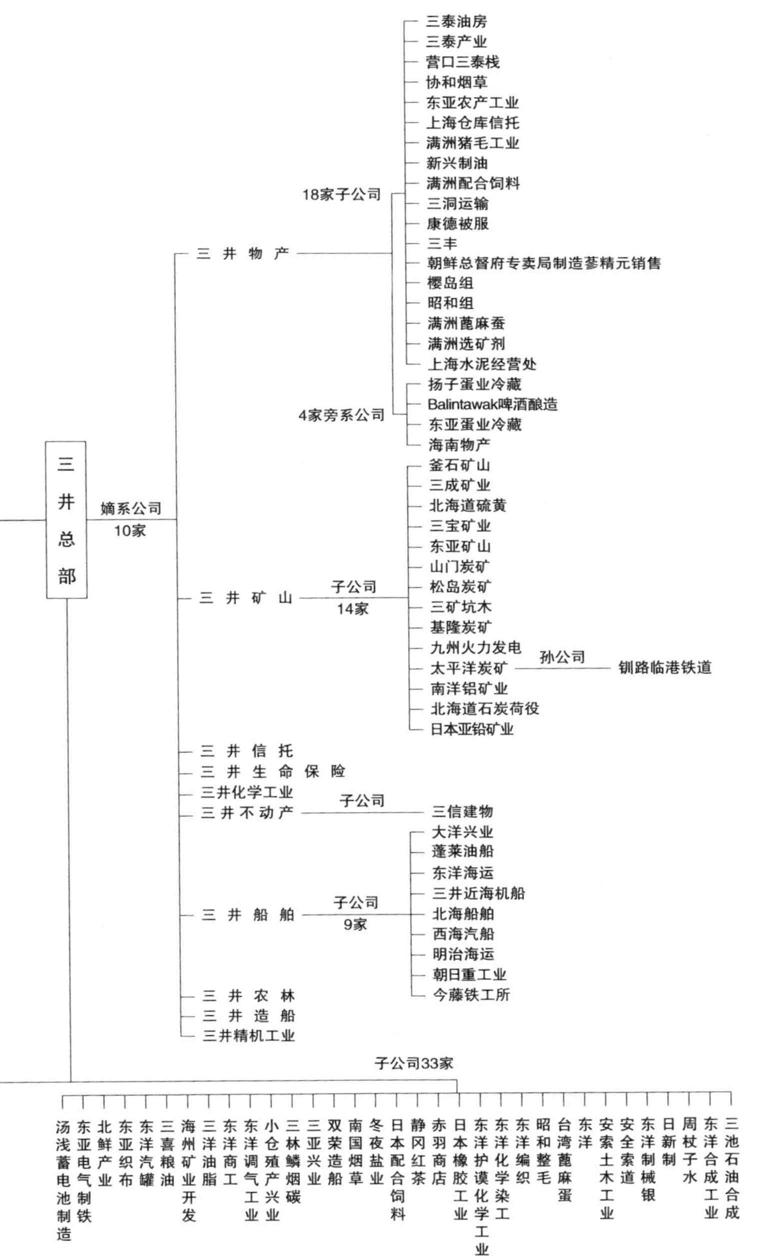

图3 三井集团公司名称和从属关系

者等方面，而集团总体战略则是追求未来业绩的最大化。这可能就是造成差异的原因。

笔者认为，20 世纪上半叶的三井最重要的目标应该是实现三井家族资产的最大化，因此持股比例较低的子公司不会被记录在案。此时，三井银行与第一银行合并成为帝国银行，因此被视为旁系公司。从资本的逻辑来看待这个现象，就很容易理解。

然而，分类标准中还可能存在人际关系和情感纽带因素。比如三井的持股比例虽然低，但该公司的总经理一直由三井派人担任，或者像三越这样创业起家的业务，还有由三越的右卫门先生担任首任总经理的东京绵商社（钟纺）等。

业务战略是子公司的“领域”

令人意外的是，至今鲜少有人从战略角度对企业集团进行分析研究。原因在于，成功的财阀是“成功实现非相关多元化的企业集团”，因此没有针对特定业务的战略。更确切地说，这是旁系公司的“领域”。下谷政弘认为，这种结合形式是日本特有的。

在这个意义上，财阀总部所考虑的战略主题是什么呢？这涉及波士顿咨询集团开发的 PPM（产品投资组合矩阵）

以及美国通用电气（GE）前CEO杰克·韦尔奇提出的战略之一——核心竞争力[1]。PPM将企业拥有的多个业务按照成长性和盈利性分为四个象限，以此呈现企业投入资金的业务和撤出的业务（见图1）。

这些“多个业务”通常是不相关的。事实上，如果业务之间存在诸如协同效应等相关性，就很难仅仅通过成长性和盈利性进行投资决策。因此，在业务之间没有关系时，这种四象限的分析是最有效的。

那么，为什么美国大型企业会推进这种非相关多元化呢？因为美国大企业市场占有率高，如果某业务持续增长，就可能触犯《反垄断法》。因此，那些在某业务上取得成功的大型企业无法在该业务上进一步扩张。所以，只能推进非相关多元化。而这种多元化尝试经常会失败，因此判断撤退的时机很重要。

许多人认为，核心竞争力就是专注于具有竞争优势的业务。但在韦尔奇的时代，美国通用电气的业务范围却大得惊人。有段时间甚至脱实向虚，由制造业转向了金融业。

那么美国通用电气的核心竞争力的本质是什么呢？

· 出售世界排名第三以下的业务

· 用得到的资金投资并进入收益较高的业务

[1] 核心竞争力：G.哈梅尔和C.K.布拉格拉德在《哈佛商业评论》（1990年）上发表的论文中提出的概念。直译的话就是“核心能力”，指能够成为公司优势源泉的技术、秘诀等。

这就是他们的策略。只要业务做到了世界第三名，就将其高价出售，也就是离场。PPM 中“败犬”只能通过离场来避免资金流失。然而，对于一个世界第三的业务来说，离场本身就是一种赚钱的方式。这样看来，韦尔奇的离场标准就低得令人震惊。

换句话说，无论是 PPM 还是核心竞争力，都是用于在非相关多元化战略中决定“执行哪些业务，放弃哪些业务”的有效工具。这可能是非相关多元化企业集团总部最重要的工作。此外，作为业务公司，它们还负责制定和执行相关多元化的战略。

财阀为应对批评也会进行公开募股

企业在公开募股时，可能会进行以下两项操作：

· 发行新股（募股）

· 现有股东以现在的市值出售其持有的股份

这两项操作并不是只有在公开募股时才能进行，但如果公司没有公开发行股票，以市值出售股份可能就比较困难。在需要增资时，上市公司募集新股东也更好操作。

20 世纪 30 年代，财阀旗下企业纷纷公开募股，这被认为是应对日益严厉的社会批评的一种措施。其中一个导火索就是 1932 年三井合名理事长团琢磨遭暗杀事件。为了应对批评而采取的措施都被加上了“转向”一词。

“转向”一词通常用于描述民族主义者在“二战”后突然成为民主、和平主义者，或者左翼运动家为躲避政府镇压而不再提马克思主义等情况。但是，当谈到财阀进行“转向”时，或许有些讽刺的意味。一方面，三井家族的成员纷纷退出三井各公司的管理层、大量投资社会事业等，另外则通过公开募股，做出将财阀企业的利润返还给国民，同时接受对其经营的监督的姿态。

随着集团企业的发展，三井总部出售其股份

团琢磨被杀后，三井家族深感恐惧，致使其公开募股。但根据武田晴人的说法，财阀总部出售公开发行的股票也有其财务政策上的合理性。如果我们对此稍加阐述的话，其内容如下。

①在大正到昭和的经济衰退期间，新兴企业破产，三大财阀逐渐扩大规模，三井是战前最大的财阀。

②财阀总部按照 PPM 的方式分配资金。换句话说，从在集团内盈利的企业中抽出资金，并将其投资于成长型企业（PPM 中的明日之星）。当然，如果失败，也可以用来填补亏损。

③由于业务扩大的速度很快，出现了资金不足的情况。

④但同样幸运的是，由于财阀拥有的银行规模也在不断扩大，因此他们能够通过贷出存在银行的存款来满足集团公司的资金需求。

⑤与此同时，嫡系公司和准嫡系公司开始“自主多元化”的探索。这种多元化与财阀总部的非相关多元化不同，更接近于发达国家式的相关多元化模式。

准嫡系和“总部的子公司”之间界限模糊

以日本制粉（现为日本制粉株式会社）为例，它被定位为准嫡系公司，最初并不属于三井。在日俄战争后，由于供应过剩，其他面粉公司陷入经营危机，日本制粉便借机吞并了它们，扩大了自己的规模。在这个过程中，它与铃木商店签订销售协议，吸收了铃木旗下的面粉公司，扩大了规模。然而，日本制粉随后也陷入经营危机，铃木商店又成为其大股东。1927 年，铃木商店破产，日本制粉通过与三井物产签订销售协议，才得以重整旗鼓。

次年，即 1928 年，三井合名理事安川雄之助出任日本制粉会长，他虽然管理能力出众，但却不受欢迎，在 20 世纪 30 年代被撤换，成为三井“转变”的象征。总之，日本制粉公司成为了三井旗下的公司（准嫡系公司），旗下有多家面粉加工公司。

然而，后续经营并不顺利。1929年，世界经济危机爆发，面粉批发价格在两年内下跌了35%。日清、日本两家制粉公司组成了卡特尔，日东制粉也加入其中，三家公司持有的设备产量占市场总体的88%，使卡特尔取得了成功。资料显示，与日清面粉公司谈判的是三井物产，而不是日本制粉。

在此例中，日本制粉并非三井物产的子公司，而是三井总部的子公司。同样，从三井物产的机械部发展而来的三机工业也是总部的子公司。由此可见，需要资金投资的公司，即规模较大的公司，会被视为三井总部直接管辖，并且（也）由总部提供资金。

然而，三井总部除了嫡系、准嫡系以外，还有33家子公司。例如，汤浅蓄电池制造（后改名为汤浅电池，现在的GS-YUASA）就是其中之一，该公司的创始人早川外吉入赘汤浅七左卫门商店，继承了其家业，其胞兄是早川千吉郎（1863—1922年），东大毕业后进入大藏省，后来加入日本银行，历任三井合名副理事长、贵族院敕选议员、南满洲铁道社长，是官僚出身精英的典型经历。虽然找不到汤浅变为子公司过程的有关记录，但三井或许在某种程度上支持了汤浅，毕竟在当时这只是一家小公司。

此外，三鳞无烟煤（现三鳞事业控股集团）的前身是三鳞石炭和三井物产于1926年合资成立的公司——三鳞炼炭原料，目前首席股东是明治安田生命（当然，持股并非战略管理目的）。它是三井总部的子公司。母公司三鳞煤炭公司从事运输业务，但从公司名称上很难分辨。1947 年颁布《集中排除法》（这导致财阀解体）后，与三井物产脱离关系。

显然，通过这些例子，也很难看出三井是以何种标准将一个公司定位为总部的子公司，或挂靠在子公司下变成孙公司，抑或是将其定位为准嫡系，但现实就是如此。不过，嫡系和准嫡系的子公司后来并没有变成大公司。总之，三井财阀在该时期的组织特点是：

·通过相关多元化形成的主要公司，通过相关多元化，形成企业集团

·财阀总部将各主要公司（嫡系、准嫡系）置于旗下，因此，总部是非相关多元化的

·除此之外，三井旗下还有因各种原因而成为总部直接控制的子公司和旁系公司

·还有些大公司是三井持有股权份额低，但通过经理派遣等方式保留影响力

为便于后半章的讨论，先来说明一下，“二战”后日本企业像其他发达国家的企业一样，通过利用自身的经营资源进行相关多元化而实现了增长。相比之下，战前三井旗下公司的自主多元化并不深入（可能其他财阀亦然），但集团公司的发展仍然需要资金。因此，它们向财阀总部的“上缴资金”才会减少。

把子公司股票的收益投资到其他子公司

根据武田晴人的说法，面对这一情况，三井采取了以下行动：

【步骤1】出售已经公开募股或者即将公开的“非嫡系”企业，并获得潜在收益（资本收益）。

【步骤2】将这笔现金用于非公开募股公司，特别是嫡系大公司的增资。尤其是物产和矿山这两个公司资金需求特别大。

需要注意的是，三井总部持有的公开募股公司的股票不一定在证券市场上进行交易。拥有资金的集团企业，具体来说是寿险和信托公司,可以直接以市价购买这些股票。鉴于当时的环境，交易似乎并不是以证券市场上的市价进行，金额虽然接近但又不等于市价。可能这并非有意为之，不过，事实就是如此。

通过这些行动，三井总部不会削弱其控制力和由集团资本产生的凝聚力。有时，物产成为提供资金的一方，即由物产购买集团其他公司的股票。这就是集团内部各公司互相持有股票的开端。

5. 像幕末的富商一样被国家剥夺财产

三井与三菱的出资方式

维持海外殖民地需要消耗大量的资金。因此，“二战”后，欧洲各国被迫承认了殖民地的独立。但如果像 18 世纪的印度那样，殖民地当地自有产业并能纳税的话，就另当别论了。因此，与其说是日本政府，不如说是日本军部要求日本财阀“开发”伪满洲国和朝鲜。他们甚至要求三井物产和三菱向伪满洲国贷款。

如果是在幕末或明治维新时期，日本政府可以通过征税等方式要求私人提供资金。但在昭和时期，这样的方法已经行不通。伪满洲国本质是日本为避免被西方列强指责“私自吞并满洲”而采取的权宜之计，虽然欲盖弥彰，但由于它具备一定程度上的独立性，所以是可以借款的。但以正常方式借不到款，因此只能求助于日本财阀。19 世纪 60 年代日本富商的烦恼又出现在 20 世纪 30 年代的日本财阀们身上，而三井集团则在这两个时期都是相关当事方。

不过，并非所有的日本财阀都不愿意进军中国大陆。新兴的日本财阀普遍支持进军中国大陆。许多公司因战争而发展壮大，一旦日本停止战争，设备过剩和债务过高的问题就会暴露出来。进军中国大陆对财阀的继续扩张是有利的，甚至是很有必要的。

企业已经成为社会人才选拔系统

该时期的另一个特点是金融界人士参与政治。有些甚至成为了大臣。举几个例子：

小林一三（阪急）——近卫内阁商工大臣

池田成彬（三井）——近卫内阁大藏大臣、商工大臣、日银总裁

小仓正恒（住友）——近卫内阁国务大臣、大藏大臣

藤原银次郎（三井、王子制纸）——米内内阁商工大臣、东条内阁国务大臣、小矶内阁军需大臣

五岛庆太（东急）——东条内阁运输递信大臣

明治时代还没有这种商而优则仕。虽然有实业家成为议员，但除了转行成为政治家的久原房之助（后出任递信大臣）之外，几乎没有人成为大臣。而久原成为大臣也是在昭和之后（1927 年）。就此进入了政界委托实业家就任大臣的时代。

这是因为随着产业的发展，大企业不断涌现，社会上普遍认为企业经营者都是有能力的人才。正如第一章所介绍的“足高制”一样，武士阶层的身份制度并不是僵化的，早期就建立了选拔人才的机制。正因如此，明治维新才取得了成功，使日本免于成为欧美列强的殖民地。

选拔人才对社会至关重要，在 20 世纪初的日本，企业开始承担起这一责任。这意味着企业不仅要提供资金，还要提供大量的人才。在这一章的最后，如果针砭一下时弊，现代的议员已与世袭无二（也许只有日本自民党是这样），从中选出大臣和首相，就类似于等级制度。某种意义上说，日本现代的社会制度可能正在退化。

日本财阀的
经营之道

第五章

财阀解体与长期成长

“从波罗的海的什切青到亚得里亚海的的里雅斯特，一道铁幕横亘欧洲大陆。在这条线的后面，坐落着中欧和东欧古国的都城。”这是英国的丘吉尔爵士于 1946 年 3 月访美时，在大学发表演讲的一部分。“铁幕”一词，就是从这里开始流行的。这位战时首相却在 1945 年 7 月的大选中惨败，结束了他的第一次首相任期（第二次任期是 1951 年至 1955 年）。尽管此时日本仍处在战争状态，但随着 5 月德国投降，欧洲战场已结束战争。

英国自知自己是乡下国家，因为历史上欧洲的中心在东欧和中欧，更早则在希腊和罗马。丘吉尔的这番话或许也包含着对把中欧和东欧夺去的苏联的不满。

换句话说，第二次世界大战的战胜国并非铁板一块。战争结束后，双方方针的分歧逐渐显现。因此，很快在战后的第二年春天就有了这样的演讲。冷战就此开始。

仔细想想，资本主义阵营的美英与社会主义阵营的苏联（1917 年俄国十月革命）本来就不可能并肩作战。在战争期间，他们不得不携手合作，但战争结束后，意识形态上的分歧就凸显出来。

正是由于这种东西方对立，战败国日本和德国（此时只是西德）得以重建，企业也得以发展壮大。“二战”前的大企业纷纷解体,新公司应运而生也就不足为奇了。因此,无论是日本还是德国都有从 19 世纪下半叶或 20 世纪初存续至今的大企业。

1. 财阀是如何解体的

虽说财阀“解体”了，但目前对日本的财阀是否真的被解体了仍众说纷纭。这并非简单的“是”或“不是”的问题。

十大财阀，十五大财阀，消失的财阀

在讨论财阀解体之前，首先介绍一下除了所谓的三大财阀（三井、三菱、住友）之外的财阀。“二战”后，GHQ（驻日盟军总司令部）开列了十大财阀和十五大财阀名单，具体如下。

【鲇川财阀（创始人：鲇川义介）】

1920 年，鲇川接管了处于经营危机的久原财阀。旗下有日本矿业（后来的 JX 金属）、日立制作所、日产汽车等。久原财阀的领导者房之助是藤田财阀创始人藤田传三郎的侄子，鲇川义介的义弟。

【浅野财阀（创始人：浅野总一郎）】

从日本政府在 1884 年出售的浅野水泥发展而来。包括

日本水泥、昭和海运（现在的日本邮船）、日本钢管（现在的 JFE Steel）、冲电气工业等。

【古河财阀（创始人：古河市兵卫）】

创始人是在抵押增额令下破产的小野组的班头。包括古河矿业（成立于 1875 年，现在的古河机械金属）、古河电气工业、富士电机、富士通等。

【安田财阀（创始人：安田善次郎）】

1866 年成立安田商店（后创立安田银行，后为富士银行，再后来并入瑞穗银行）、安田生命（现明治安田生命）、安田火灾海上（现在的损害保险 Japan）等。

【大仓财阀（创始人：大仓喜八郎）】

1859 年大仓屋创业。包括大成建设、大仓饭店、日清制油（现在的日清 Oil Group）等。

【中岛财阀（创始人：中岛知久平）】

以 1917 年成立的中岛飞机为核心的制造业财阀。包括富士重工业（现在的 SUBARU）、牧田等。

【野村财阀（创始人：野村德七）】

大阪野村银行（1918 年成立，后为大和银行，再后来并入瑞穗银行）、野村证券。

以上是十大财阀。其后还有以下五个。

【涩泽财阀（创始人：涩泽荣一）】

【神户川崎财阀（创始人：川崎正藏）】

以 1881 年建立的川崎兵库造船所为主体，在 1927 年的恐慌中衰退，后来作为川崎重工业东山再起。旗下有川崎制铁（现在的 JFE Steel）、川崎汽船。

【理研康采恩（创始人：大河内正敏）】

以 1917 年涩泽荣一创立的理化学研究所的研究成果为基础业务而形成的集团。包括理光等。

【日室康采恩（创始人：野口遵）】

以日本氮肥为核心。1906 年创立电厂。后来引进了海外的专利和技术。是工业型财阀。在财阀解体中独立分离出旭化成。

【日曹康采恩（创始人：中野友礼）】

日本曹达成立于 1920 年，是一家制造碳酸钠的公司。虽然在“二战”前实际上已经解体，但正式解体是在这次财阀解体。

在这些财阀中，GHQ 后来意识到其误解了涩泽财阀（即涩泽并不属于财阀），但由于涩泽方面没有抵抗，因此仍然被列为财阀解体的对象。

除此之外，当时还有其他一些财阀，如鸿池财阀（后来的三和银行）、藤田财阀（久原财阀的兄弟财阀）、根津财阀（东武铁道）等。

在第四章中提到的铃木商店是一家在战前消失的财阀。该公司成立于 1877 年，一直繁荣到 1920 年左右，通过并购实现多元化，其销售收入甚至超过了三井物产和三菱商事，后于 1927 年破产。继承其衣钵的公司包括日商岩井（现在的双日）、播磨造船所（现在的IHI）、神户制钢所、帝人、丰年制油（J—Oil Mills）、日本合成化学、三菱丽阳（现在的三菱化学）等。

《菊与刀》

美国在太平洋战争中对胜利充满信心，因此，在战争初期就开始为战后做准备。例如，为了深入了解日本人，他们聘请文化人类学家——鲁思·本尼迪克特对日本进行研究。本尼迪克特是哥伦比亚大学的助理教授，也是战争情报局日本小组的负责人。其报告书在战后出版成书，书名为《菊与刀》。

美国早在1945年就为占领日本做了充足的准备，提出了大财阀解体的要求，也就是说，财阀总部，即控股公司要被拆除。然后将财阀一族从管理层中驱逐（开除公职）。1951年，源氏鸡太的小说《三等重役》（『三等重役』）[于《SUNDAY每日》（『サンデー毎日』）周刊连载]，讲述了因为公司高层被开除公职，工薪阶层不得不担任重要职务的故事。该小说后来被改编成电影，就是森繁久弥的成名作，他出演了电影的男二号（在续作中晋升为男一号）。

对日指令 244

让我们简单了解一下该时期的时代背景。

1945 年，日本战败。麦克阿瑟来到日本。GHQ 颁布 SCAPIN–244（财阀解体令）和限制社会令。

来自 GHQ 的指令被称为 SCAPIN– ○○（○○是指令文件编号）。日语通称“对日指令”。日本政府需要根据这些指令制定法律和各部政令，并提交相应的计划。在 SCAPIN–244 中，规定了以下内容：

· 解体四大财阀（三井、三菱、住友、安田）

· 解体中小财阀

· 废除兼任重役制

· 废除法人持股对企业的支配

· 制定《反垄断法》

等等。

限制公司令规定，公司的解散或资产处置需得到财政大臣的批准。这主要是为了防止财阀相关企业进行“逃避式解散”。GHQ 的安排非常周密。

逃亡的犹太人

正如拙著《经营的文明史》(『マネジメントの文明史』)

一书中所述，从纳粹德国逃到美国的学者，特别是犹太人，从战时到战后极大地提高了美国的知识水平。最为知名的是爱因斯坦和冯·诺依曼。在哥伦比亚大学，本尼迪克特的导师是弗朗茨·博厄斯，一位德国籍犹太人。

GHQ 的矛盾之处

下面是一份简短的年表。

1946 年　爱德华兹日本财阀解体调查团来日，制定劝告书。

控股公司整理委员会开始活动，指定了 83 家控股公司。

先后颁布了《公司经理应急措施法》《企业重建整顿法》《金融机关经理应急措施法》《金融机关重组整顿法》。

1947 年　日本政府颁布了《反垄断法》《消除经济力量过度集中法》。

此时，GHQ 的措施包括：

·解散财阀，使日本成为一个和平的国家

·将饱受战争摧残的公司分为“拥有战时补偿债务与海外资产的公司”和“从事商业活动的新公司”，并重建后者，以重建日本经济

这两个目标有时是相互矛盾的。

后者政策中所提到的“战时补偿债务、海外资产”，

就是不会归还给公司的资产（这些债务是国家的债务，因此从公司的角度来看是债权），持有这些资产的公司将破产。而新公司则能够摆脱过去的负担，自由地开展业务活动。

最终，通过禁止控股公司（财阀总部）控股和迫使财阀家族及高管退休，解散财阀的工作取得了一些成果。而早期的《反垄断法》禁止公司拥有公司股份（两年后的修正案原则上废除了这一规定），但战前的大公司依然存在。

财阀解体是“财阀总部解体”

只有 18 家公司根据《消除经济力量过度集中法》被拆分（或处置其工厂）。不过，被拆分得最彻底的公司是三井物产和三菱商事，其中物产被拆分为约 170 家公司，商事被拆分为约 120 家公司（有资料称分别是 220 家和 130 家）。但是，三菱商事和三井物产分别在 1954 年和 1959 年再次振兴。虽然《反垄断法》禁止财阀总部集中资本，但商社总算恢复了原状。

顺便一提，住友在战前由于财阀总部的方针并没有建立综合贸易公司，因此，没有成为被拆分的对象。

总之，财阀看上去已经解体，毕竟有两家商社被拆分，公司名称也不能再使用财阀的名称，但财阀实际上并没有完全瓦解，只是总部消失了而已。

东西方冷战需要日本的大企业

现在让我们回到财阀解体不彻底的原因。那就是本章一开始提到的铁幕演说，即东西方冷战。回顾前一章的一些论述，可以总结如下：

· 幕末的德川幕府和维新时期的明治政府需要豪商作为资金来源

· 明治初期的政府需要政商作为资金来源

· 昭和时期的军部需要大财阀作为资金来源

接着，

· GHQ（盟军总司令部）为了对抗社会主义和共产主义阵营，要求日本尽快实现产业复兴。因此，需要以旧财阀为中心的大企业

朝鲜战争

1950年，朝鲜战争爆发，朝鲜的金日成与“联合国军”发生战斗。与朝鲜相邻的中国为了国防而参战。朝鲜半岛再次成为战场。

朝鲜战争现在是停战状态。从外交或国际法的角度来看，尚未达成和平。联合国军事司令部位于韩国，驻韩美

军司令官兼任联合国军事司令官。其后方司令部就设在日本。

丰田的 1950 年

正如在正文中所看到的，从 1950 年开始的朝鲜战争成为日本经济和产业复兴的契机。但丰田汽车公司，在这一年发生了激烈的劳资纠纷，背景是由道奇方针引起的经济衰退。4 月 22 日，公司向工会提出裁员方案，涉及 20% 的员工，即 1600 人（实际离职人数为 1700 人）。6 月 5 日，创始人丰田喜一郎等 3 名董事辞职；6 月 9 日，争端结束；6 月 25 日，朝鲜战争爆发。

丰田不得不以更少的人手应对战争带来的更大需求。这导致了多技能工人的产生，即一个工人负责多个工作岗位，工厂的柱子上贴着工作表（显示谁能做哪些工作），能胜任各种工作的人可以加薪，有时还能升职。因为他们了解相邻工序，可以在生产线运转时发现问题，提高生产效率。最终，这些理念演变为“看板方式”和“精益生产”。

如果朝鲜战争提前半年爆发，丰田很可能不会爆发 1950 年的劳资纠纷，也不会诞生所谓丰田式的生产方式。

笔者把日本人对本国经济的部分自豪感归功于丰田：在经合组织（OECD）的发达国家中，日本的劳动生产率是最低的。我们必须正视这一事实，但笔者认为或许可以用丰田的生产效率比外国汽车制造商更高来解释这一现象。

战后增长的开端

朝鲜战争加剧了东西方的对立。因此，对于靠近中国大陆和朝鲜半岛的日本来说，生产力变得至关重要，日本起到了兵站的作用。

军事需求带动了日本公司的发展（值得一提的是，尽管数量上不多，但朝鲜战争的需求也影响了当时的西德等欧洲国家。由于“二战”造成欧洲企业供应能力下降以及朝鲜战争的需求，使得美国终于摆脱了自 1929 年以来的全球经济大萧条的影响）。

正是在这一年，也就是 1949 年，日本虽然通过抑制通货膨胀的政策（称为“道奇方针”[1]，此处不展开）几乎控制了通货膨胀，但陷入了严重的经济衰退期。因此，朝鲜战场的“特需”对日本来说无疑是雪中送炭。由此开始了战后的增长。

[1] 道奇方针：GHQ 的经济顾问约瑟夫·道奇（1890—1964 年）实施的日本财政货币紧缩政策。要求国家总预算平衡、全面取消补助金等。

2. 从财阀到企业集团

在经济增长的背景下，那些在解体中幸免于难的财阀企业开始重新集结。

各财阀的社长会成立的年份分别如下：

住友 白水会（1951 年）

三菱 金曜会（1954 年）

三井 二木会（1961 年）

集结的目的是什么呢？在三菱集团的网站上，关于金曜会的概述如下：

三菱金曜会联谊会的会员是三菱集团各公司的董事长和社长。

每月举行一次例会。

例会的内容包括

（1）主要内容是审议集团共同的社会贡献项目；

（2）介绍新加入集团的公司；

（3）由活跃在政治、经济、文化、艺术、科学、技术、健康、体育等各界人士发表演讲。

或许事实如此，但笔者认为没有人会相信集会存在的目的真的单纯就是围绕这三个内容召开例会。二木会和白水会也是如此。

经营者之间相处融洽非常重要

那么，这些集会的目的到底是什么？答案或许意外简单，就是以“友好”为核心进行交流。因为关系融洽才好办事。具体来说，友好的关系在遇到困难时寻求建议和帮助是极其重要的。

换位思考一下，就很好理解。社长和董事长是公司内最重要的人物，这就是为什么他们在公司里没有人可以倾诉。他们可能在日常生活中有可以闲聊的朋友，但在遇到困难时没有可以商量的对象。

“大田渊”与志茂先生

曾任野村证券社长的田渊节也（也就是“大田渊”。因为其继任的社长也是田渊家族的人，故使用此绰号区分二人）在答应出任社长时提出了一个条件，那就是让志茂明担任董事。志茂明一直升任到该公司的副社长，于 1990 年去世，享年 66 岁。

志茂先生是“大田渊”的倾诉对象。野村是证券界的巨人格列佛，而证券公司不属于企业集团。由于其行业的特殊性，如果向某一企业集团透露的信息过多可能会引起麻烦。换句话说，很难在公司外找到合适的倾诉对象。因此，在公司内部需要一个既不盲从也不反对（不会故意与社长作对）的优秀人才。

然而，仔细想想，公司里很难找到像志茂先生这样的人。因为每个人都想升职，所以他们会为了自己的利益奉承他人，而不会给出真诚的建议。愿意提出建议的人当然也存在，但被提拔为董事候选人的却是凤毛麟角。

那么要怎么办呢？笔者认为，志茂先生这样的人可遇不可求，本书的读者们只要能成为某人的志茂先生就好了。笔者希望每一个读这本书的人都能成为某人的志茂先生。

企业集团并非3家而是6家

那么，企业家面临的“困难”到底是什么呢？在解释这一点之前，笔者想先说明下述的另一个现象。

·除了三大财阀之外亦存在，以与三大财阀的重新组合几乎相同的形式，形成的企业集团

直到20世纪末，公平贸易委员会都称这些大型企业集团为“六大企业集团”：集团中的三个是旧三大财阀，另三个是后来成立的企业集团。而这些集团的社长协会的名

称分别是芙蓉会（富士银行系）、三水会（三和银行系）和三金会（第一劝业银行系）。

以芙蓉会（建立于1966年）为例，参会的公司如表8所示。安田财阀的特点，首先，它几乎专门从事金融业务；其次，它与浅野财阀有着密不可分的联系。当浅野的机构银行破产时，安田开始向浅野提供银行服务。所以，芙蓉会中有旧安田、浅野参与，就像三井、三菱、住友一样容易理解。

但是，成员中也有许多其他财阀系的公司。而且，其中一些企业，像丸红和伊藤忠商事这样的公司，本来是同一家公司分裂而成，但丸红加入了芙蓉会，而伊藤忠却加入了三金会。换句话说，集会的目的并不是要恢复战前的企业关系。

此外，还有独立的公司参加。因为芙蓉会是有资格从富士银行获得贷款的大公司的社长协会。独立的中小企业由于不属于三井、三菱、住友集团，自然无法加入这三个社长会。但是，如果加入其他集团的集会，就可以获得类似的好处。由此形成了银行贷款系统。不仅芙蓉会，三和银行、第一（劝业）银行也基本上具有相同的性质。

表8 芙蓉会加盟企业

■ 富士银行（旧安田银行。根据 GHQ 的命令更名，未恢复原名。“芙蓉”是指富士山）为中心的安田财阀
瑞穗金融集团 安田（富士银行）、第一劝业银行、日本兴业银行组成
明治安田生命保险 安田、三菱组合
损害保险日本 安田火灾海上、日产火灾海上（一劝）等
东京建物
■ 大仓财阀
大成建设
■ 浅野财阀
JFE 控股
冲电气工业
太平洋水泥
■ 根津财阀
东武铁道
日清纺织控股
日清制粉集团总部
■ 日产财阀
日立制作所
日产汽车
日油（旧日本油脂）
■ 大建产业系
丸红
KUREHA
■ 森康采恩
昭和电工
■ 独立系
横河电机 成立于 1920 年、来源于三井
佳能
久保田 原住友银行贷款系列
日本精工 于 1914 年设立保善社（来源于安田）技师长
日本纸业 前身是山阳国策纸浆，属富士银行系、十条纸业属三井系（旧王子纸业）
札幌控股 前身是大日本啤酒，分为旭日和札幌日本航空
札幌控股 前身是大日本酿酒株式会社的朝日啤酒和札幌日立啤酒
京滨急行电铁 与安田、浅野关系亲密

一个行业一个公司

企业集团的一个特点，就是其成员各自专注于一个行业，不与集团内的其他公司产生竞争。这样，社长会上就很少发生业务上的冲突。

芙蓉会包括东武和京急两家铁路公司。虽然是同一行业，但经营地区并不重叠。此外，以三菱为例，其重工和电机部门都生产空调（即日立空调和雾峰），但由于重工部门的一部分转变成了电机部门的历史渊源，且空调的收入贡献比例并不是很高，所以不会影响集团的和谐。

正如前述，安田财阀除了金融业务外几乎没有其他业务，因此与其通过贷款有业务往来的其他财阀或独立公司成为芙蓉会成员。而其他企业集团也都遵循了集会内一个行业只有一个公司的原则。虽然看上去有些过于巧合了，但似乎是一种不可思议的默契。

通过与其他组织相比，更能凸显这种“不竞争的集团”的性质和功能的独特性。与日本汽车工业协会之类的同行业团体相比，笔者认为，丰田和本田的社长之间虽不至于关系恶劣，但也不可能积极交流。他们作为一个工业团体，或许有一些共同的诉求，比如反对反倾销诉讼，或者向经济产业省提出行业意见。但与企业集团内的关系还是有所不同的。换句话说，同行业团体内的企业家之间似乎不太可能就烦恼和困扰互诉衷肠。

三菱化学是例外

三菱集团具有以化学公司为主的特点，这十分罕见。过去曾经加入社长会的化学公司包括以下公司（※ 表示其目前仍是社长会成员）。

· 三菱化成（现三菱化学 ※）

· 三菱丽阳

· 旭硝子（现 AGC※）

· 三菱树脂

· 三菱气体化学 ※

其中，历史最悠久的是旭硝子（成立于 1907 年）。它是一家生产玻璃和苏打（碳酸钠的俗称。也包括其他碱性物质，比如氢氧化钠、碳酸氢钠等）的公司。玻璃属于窑业，而苏打则是化工产品。由于无水碱（无水苏打）是玻璃原料，因此是同时拥有碱和玻璃的垂直一体化的公司，只有大约三分之一的销售额来自化学品（住友集团的日本板硝子则几乎 100% 的销售额来自玻璃制造）。

此外，在苏打的生产过程中，石灰石由焦炭燃烧而成。因此，将煤炭业作为主要业务之一的三菱矿业与旭硝子之间关系密切。很可能正是基于这一背景，这两家公司于 1934 年共同成立了以化工产品为主要产品的日本焦油工业公司，即后来的日本化成，现在的三菱化学。换句话说，旭硝子可以说是三菱化学的母公司。

日本化成最初是铃木商店的一部分，后于1937年参与了新兴人丝的经营，于1942年与之合并。1944年，旭硝子也加入了这个联合体，但根据1950年企业重建整备计划又被拆分为三家公司，新兴人丝先改名为新光人造丝，最终更名为三菱丽阳。换句话说，这是一家被以不同于财阀解体的方式而分割形成的公司。

三菱树脂起源于“二战”期间（1944年）日本化学接管了龟户橡胶工业。“二战”后，转型为石油化学产品即树脂（塑料）业务。从这一历史渊源来看，这家公司即使与三菱化学合并也不奇怪。事实上，它就是现在的三菱化学。

与此相对的是，三菱气体化学起源于1918年三菱纸业出资成立的江户川钡工业所，因此，与其他化学公司在资本上毫无关系。

观察三菱化学公司时，这些公司本质上是“同根”，同属一个社长会，不存在什么不和谐的因素。特别是现在，这些公司已经被合并至三菱化学、丽阳和树脂三家公司，其业务领域也几乎不重叠。因此，发生冲突的可能性更小。

《三菱月刊》

三菱集团拥有一个被称为宣传委员会的组织，比社长会（金曜会）的成员稍多一些。三井和住友也有类似的机构。

三菱发行了一份名为《三菱月刊》的集团宣传杂志。每期发行量为30万册，分发给全体员工。由于是月刊，所以成本也不低。旭硝子曾因成本高昂考虑停止发行这本杂志，且自家公司名称也不带三菱，公司内部报告就已足够，不得不说是颇有道理的想法。

最终该杂志仍然继续发行。主要原因之一是工厂的员工反对停止发行。虽然不确定能否用“身份认同”一词来解释，但旭硝子的工人是如何看待自家与“三菱”之间的关系，可能是一个值得探讨的话题。

顺便一提，当时三菱有30万名员工，而日本自卫队也是30万人，日本国铁（民营化之前）也是30万名员工。这可能是一个组织规模的极限。

社长不会发表意见

有趣的是，企业集团不会公开发表意见。且日本汽车工业协会或全国银行协会这样的协会是有会长，即决策者存在的。但像三菱的金曜会这样的企业集会却没有会长，只有“代表人”，换句话说，不存在发言的主体。住友的白水会是公司全体成员轮流担任干事。相比之下，经团联[1]有会长，而且可以与日本政府直接交涉。

值得一提的是现在只是普通社团法人的日本工业俱乐部。其成立于1917年，第一任会长是三菱合资的总经理丰川良平（岩崎弥太郎的表弟），理事长是三井合名的理事长团琢磨。最初，它主要向政府提出经济和劳工问题的建议（类似于现在的政策建议），但“二战”后，其职能被旧经团联与日经连（二者后来合并成现在的经团联）代替，日本工业俱乐部则变成了一个企业家个人交流的组织。现任理事长是日本制铁名誉会长，前经团联会长的今井敬先生，出生于1929年。

公司不声明其所属的企业集团

此外有趣的是，大多数公司并不积极地谈论它们所属的企业集团。

当然，像三井物产和住友电工这样的公司，即使不说出来，从公司名称就可以知道它们的出身。但是，一般人并不知道日清制粉的出身是根津财阀，现在属于芙蓉会。这是因为日清制粉并没有积极地公开宣传这一信息。另外，

[1] 指日本经济团体联合会。在2002年5月由下文提及的“经济团体联合会”（旧经团联）与“日本经营者团体连盟”（日经连）统合而成，以东京证券交易所第一部之上市公司为中心构成经团联与日本商工会议所、经济同友会并称为日本的“经济三团体”，其会长更被称为日本的“财界总理”，在日本产业界具有举足轻重的地位。——译者注

在芙蓉会（芙蓉恳谈会）的网站上，却明确显示该公司于1982年加盟。换句话说，日清制粉并非保密，只是没有积极地公开宣传这一事实。

关于不公开宣传的理由，笔者认为可能是因为这么做没有意义。或许有人会认为其与根津财阀的渊源有某种意义，但也没必要解释其主要银行是富士银行。

在不太为人所知的小公司的资料中，可能会列出与之有业务往来的大公司的名称。这是为了表明该公司正与正规的大公司进行交易，以让对方感到放心。或者，如果该公司的汇款账户仅限于信用合作社，那么该公司可能会给人一种不受银行重视的印象。

但是，日清制粉作为知名大企业并不需要宣传其主要银行[1]是富士银行。公司或员工的身份认同也不会受到其属于富士银行的融资系统这一事实的影响，更无须对外宣传这一点。那么为什么日清制粉会加入呢?

集团内部的交易实际上相当少

· 三菱集团的员工是否开三菱汽车的车，或者公司用

[1] 主要银行：公司的主要交易银行。公司与多家银行进行存款、借款、结算等交易，但在其中主要银行在融资安排和经营支持等方面发挥着核心作用。这是日本特有的做法。

车是否为三菱

· 三菱集团员工家中的空调品牌是不是雾峰或 UFJ

· 三菱集团员工的工资转账账户是否为三菱 UFJ 银行

在这些不胜枚举的问题中，最有可能发生的是工资转账账户。这是因为三菱银行历来分行数量相对较少。由于自战前以来经历了多次合并，其分行数量有所增加，但如果某地有一家关系密切的地区性银行，那么，它就不会在该县开设分行。例如，三菱重工业下关造船所的员工工资就是经由山口银行发放。

有时集团内会发生像“购买三菱运动”这样的讨论，即员工们积极购买本集团企业的产品，价格上可有些许优惠，但看上去影响不大。可能是因为虽然企业集团确实很大，但与整个日本相比，人数就相对较少了。三菱有 30 万人，即使包括家属和亲戚在内也只有 120 万人，仅占日本人口的 1%。

换句话说，在属于企业集团的企业的销售额中，与同一集团内其他企业的交易占比非常小。简单来说，这是因为每家公司的规模都很大，而且它们的市场是面向日本或全球。企业集团并不将集团内交易作为主要目标。

银行和商社都有其存在的意义

综观六大企业集团，除了上述的特点外，还有另一特点必须指出，即每个集团必定包含银行和商社。

在20世纪80年代末发生的泡沫经济及其崩溃过程中，银行的不良贷款增加，导致所谓的行业重组，银行数量急剧减少。实际上在1960年左右，城市银行的数量比企业集团还多。三水会拥有鸿池财阀的三和银行，三金会则有涩泽荣一和三井的第一银行。第一银行后来与日本劝业银行（明治时期依国策成立的特殊银行）于1971年合并为第一劝业银行。

商社方面，三水会拥有日商岛津（现双日），三金会则有伊藤忠。因此可以说，“二战”后直到1970年左右的日本，“资金”和“销售”对于企业来说非常重要，因此银行和商社在业内占据着重要地位。换句话说，银行和商社并不仅仅是企业集团的一部分，更是领头的主要业务。

公司很少退出企业集团

然而，现代属于企业集团的大企业并没有将“资金”和“销售”完全委托给银行和商社。如果从现在看来，似乎与50年前不同，现代公司加入企业集团的意义和优势会大打折扣。然而，事实并非如此，很少有企业退出企业集团。

首先看看退出的例子。住友金属曾是住友集团的主要公司，但通过与新日本钢合并成为新日铁住金，退出了白水会。与之相反，三菱石油与日本石油合并成为日石三菱，2002 年更名为新日本石油。虽然三菱已从其名称中消失，现为 ENEOS 控股，但仍然属于金曜会。

当然，退出的个案可能还有很多。重要的是，如果社长会真的没有存在的意义，应该早已解散，现实是它继续存在。这绝非偶然，而是有着细微的、连续性的理由，就是“亲善”。也就是说，平时要保持友好关系。这不是指个人之间，而是公司之间需要相互友好（这在同业协会中是做不到的）。这样一来，企业可以做好准备以备不时之需，可以向其他企业请教，也可以得到帮助。

此外，没有主动退出集团的理由也很重要。换句话说，退出没有好处，如果不退出，企业间的友谊就能持续。因此，选择留下或者说选择不退出更有好处。

三井物产、三菱商事、住友商事的英文名称

冠以三井、三菱、住友之名的公司，通常会在公司名称中加上自己的业务内容。如三井银行、三菱材料等，取名的自由度很低。此外，即使三菱丽阳退出了业务，公司名称仍然是三菱丽阳。这样一来，公司名称不是反映其业务内容，更像是一种标志。

那么，企业的英文名称又是什么情况呢？部分综合商

社的英文名称如下：

Mitsui and Company（三井物产）、Mitsubishi Corporation（三菱商事）、Sumitomo Corporation（住友商事）。

有趣的是，与集团中的其他公司不同，它们没有说明自己的业务领域，为的是一眼就能看出是三井、三菱、住友集团的总部，是集团旗下其他业务公司的母公司，因此如此起名。

这样做的原因是，

· 以前，日本企业的规模较小

· 商社支持出口或海外扩张。有时甚至由商社出面交涉

· 在这种情况下，凸显集团由商社领导，有利于获取对方的信任

最初的主要目的是防止收购

这个决定，即重视企业间的友谊，并非理论上的概念，而是基于集团发展历史的实际经验。这一实际经验在战后初期指的是股份的囤积。

正如本章开头所述，1946 年，持股公司整理委员会开始行动，分几个阶段指定了 83 家公司为控股公司。被指定为财阀家族的有 10 个财阀共 56 人。这些公司和家族持有

的财产（主要是集团公司股份）被收取（没收）并保存，然后在交易市场上出售处理。

另外，同年实施的《公司会计紧急措施法》和《企业重建整顿法》，为了避免企业破产，将公司分为旧公司和新公司，将对国家的债权和旧殖民地拥有的财产集中在旧公司中，使新公司轻装上阵。这使得企业勉强能够生存下来。然而，仅有极少数人愿意购买那些股份。

然后，1947 年实施的早期的《反垄断法》中规定，禁止法人持有公司股份。因为要建立一个民主主义的市民社会，所以要避免法人拥有其他公司的股份，以避免再度诞生财阀，同时也要避免金融机构持有企业股份，以防止金融重蹈战前德国资本主义的覆辙。这种在美国都未能实现的“纯洁的规定”，在各种旧制度被推翻的日本似乎有望实现，或者说，当局希望能实现。那么，在这种情况下，所谓的“投机者”或“收购者”们，以及“总会屋”[1]就看到了机会。

公司，或者说经营者需要面对的问题包括股东大会、劳工问题、人权问题等。在日本，管理部门由总务部负责。总务部被称为“万能部门”，可能是因为其工作无所不包，难以一语概括。

[1] 总会屋是指利用股东权利向公司提出不正当的金钱要求，牟取不当利益的黑社会。——译者注

没有稳定股东和交叉持股的时代

当廉价股增加但没有买家时，公司就会被收购。为了避免发生这种情况，有以下方法：

· 寻找稳定的股东

· 员工持股会

· 交叉持股

但在早期的《反垄断法》中，公司不能持有股票，因此，无法进行交叉持股。所以，他们采用了证券公司的自营交易。也就是让证券公司持有股票。资金是由公司出资。按照今天的说法，这属于股票回购，但当时并没有这样的规定。所以，这在当时明显是违法行为。

投机者、收购者、总会屋

投机者通过在股票或商品（例如大豆）市场上进行投机性交易来赚取利差。收购者不是为了拥有公司而购买股票，而是通过高价回购给同族或者以高价卖给计划收购的第三方来获利的人。总会屋是指作为少数股东参加股东大会，以阻挠议程为手段，从公司攫取不当利益的人。

三等重役的网络

由于《反垄断法》的修正，公司可以持有其他公司的股份，因此开始了交叉持股[1]的时代。但是收购者和总会屋仍然活跃，比现在更多的是劳资纠纷。总务工作和经营者的烦恼并没有消失。而且现在的经营者与过去不同，主要是从工薪阶层晋升而来的“三等重役”。

像三井先生和岩崎先生这样从一开始就志在成为经营者的人，年轻时就有各种联系，例如婚姻或学校，有人在困难时可以咨询。他们可能已经见过各种情况。但对于从工薪阶层晋升为经营者的人来说，几乎没有这样的人脉和经验，因此他们会依赖企业集团。

管理者比财阀家族更快地更替。一种常见的模式是社长任期为2届共4年，再担任4年会长。虽然总共8年，但在成为社长的4年后，下一任社长就会上任并交接职务。换句话说，由于新任管理者的经验较浅，因此社长会总有很多人在寻求新的交流机会。

副社长、专务董事等具有代表权但不是公司高层的人，会考虑到自己有可能在数年后成为社长，所以积极地与其他公司的拥有相同职称的人进行交流。数年后，有可能双方真的成为社长。换句话说，社长会这个网络的外围在不

[1] 交叉持股：指企业相互持有彼此的股份，成为彼此的稳定股东。这在日本上市公司中很普遍。

断扩大。

将网络“植入”企业集团内的公司

并不是每个人都会成为自己公司的社长。但是，在企业集团中，核心公司，如银行、商社等大型企业的高管，经常会担任旗下公司的社长。例如，依靠 super dry 啤酒飞速成长起来的朝日啤酒当时的社长是樋口广太郎先生，他曾是住友银行的副行长。三菱商事的执行董事益子修先生先转任三菱汽车常务董事，次年升任社长。

樋口先生和益子先生都成为大企业的社长，无疑是非常优秀的人才。笔者认为他们之所以能在朝日啤酒和三菱汽车等公司发挥管理才能，除了个人能力外，还得益于他们从前任公司带来的人脉资源。

3. 三大财阀与银行系统的逻辑差异

顺便一提，如果将芙蓉会、三水会、三金会看成三家银行的融资系统，便能看出这三个集团的组成原理可能与旧财阀系略有不同。这是因为对于银行来说，加盟的企业越多越有利。企业集团原本的目的是解决经营者的烦恼和困境，但在不知不觉中，似乎成为银行增加客户的工具。

当然，成为集团的一员会在持股合作或稳定股东方面有相当大的优势。但是在旧财阀系中，首先是集团存在，然后尝试“优化”其资本政策。然而，以银行系统形式存在的企业集团的逻辑可能相反。换句话说，成为集团的一员是为了优化资本政策[1]。这是企业的逻辑，而银行作为牵头者，则通过将企业纳入集团以确保其能成为优质交易对象的主要银行。

如果以稍微“纸上谈兵”的思考的方式来看，旧财阀型和银行系统型的集团，哪一个更容易扩大呢？答案是银行系统型。旧财阀型，比如说住友的白水会，企业不能因为其选择住友的银行作为主要银行而获准加入，有成员资

[1] 资本政策：企业决定其资本金金额、自有资本比率、股东结构（大股东及其持股比例等）的政策。

格的限制。如果芙蓉会、三水会、三金会没有这样的门槛，那么它们就会更容易扩大。

宣传委员会等外围组织

不过，旧财阀型的集团企业数量也增加了。另外，银行融资系统型的企业集团也不是无限制地增加企业数量。前者的原因是，旧财阀的企业集团建立了外围组织——宣传委员会加盟公司。

然而，三菱虽然有宣传委员会，但并没有充分地利用这个组织来扩大其外围。金曜会企业的关联公司只是成为成员，却并不一定成为该银行的贷款对象。相反，在住友则延续了第三章谈及的“住友化”的做法。然而，正如住友金属的案例，需要判断其是否仍能称得上属于住友。

银行系统型企业集团没有像预期的那样扩张的原因之一是，即使在这些集团中，保持一个行业一个公司也是利大于弊。这是因为：

·某个行业中已有一家公司加入集团后，很难再有第二家公司加入

·对于特定行业（尤其是自己的企业集团或者六大企业集团中没有会员企业参与的新兴产业），如果该行业的领先企业不属于任何企业集团，那么将“次一级”的公司

纳入集团是没有好处的

此外，如果该行业的公司数量很多，那么站队某一家公司对银行而言并不明智。

在三大财阀中，银行并不“重要”

在三大旧财阀的企业集团中，并没有仅因为某家大型企业是自家银行重要的业务对象而让其加入社长会。究其原因，可能是在旧财阀中，银行并不是那么重要。换句话说，不能仅仅因为银行的意愿就增员。银行不能随意决定哪些公司应该成为会员。说银行并不重要可能会引起很多反对意见，且听笔者分析。

首先，三井银行于1943年与第一银行合并为帝国银行，成为日本最大的银行，但三井银行和第一银行显然并不“合得来”，因此于1948年又分开成为第一银行和三井银行。这不是依盟军占领军的命令进行的拆分，且并不只是回到了最初的状态，而是三井银行的规模变小了。

至于物产，被拆分为约200家公司，失去了核心功能。因此，三井不动产吸收了旧三井总部。在外界看来，不动产在三井中的“地位”很高，原因可能就在于此。

谈到住友，很多人可能认为住友银行是最重要的，或者说话语权是最大的。在1995年泡沫经济破灭后，大和银行在美国亏损严重，因此有报道称要与住友银行合并。虽然是误报，但令人惊讶的是大和银行的客户企业强烈反对合并。反对的理由是，一旦合并，原本以信托兼营悠闲度日的大和银行的银行风格会变成住友的风格，他们不喜欢这种改变。

在帝国银行成立之前，住友银行是日本最大的银行。当时存在的各家银行基本上没有受到盟军占领时期的政策影响，而且住友银行没有商社。看起来住友银行似乎可以主导住友集团的发展方向，但住友集团似乎更看重其下属公司，准确地说是新居浜的公司[1]，而不是银行为中心的集团。

然而，笔者曾确认过20世纪90年代中期住友各公司的高管组成,结果发现几乎每家公司都有银行出身的高管。与此相反，三菱和三井中这一现象并不普遍。可以说，住友银行在缓慢地、有意识地推进着人事控制。这不是“住友化”，而是“住银化”。

至于三菱银行,似乎不会试图支配集团旗下其他公司。这不仅是三菱银行，而是整个三菱系中地位较高的公司可能有的共同惯例。不过，对于自己创立的公司，或者与业务密切相关的公司依然会保持控制。

[1] 此处指的是住友金属，其位于爱媛县新居浜市。——译者注

举一个笔者曾目睹的例子。伊势丹[1]陷入经营危机后，1993 年新上任的第五任社长是首次由非创始家族成员担任该职务。这位新任社长是小柴和正先生。房地产公司秀和收购了伊势丹近三成的股份，并试图将其出售给伊藤洋华堂[2]。这不禁让人想起昔日的白木屋和东急百货店合并的故事。于是，伊势丹的第四代社长小菅国安先生辞去职务，小柴先生接任。同时，三菱银行的专务城森伦雄先生也被任命为副社长（后来升为会长），目的就是反收购。

虽然 20 世纪 90 年代离现在并不远，但在当时仍然存在如果管理松懈公司就有被收购的风险。笔者认为伊势丹向全世界的企业管理者证明了这一风险。所谓“松懈”，也就是到底发生了什么失误，据说是因为小菅先生试图让他的主要银行三菱银行与三和银行竞争，而第四代社长不听从三菱银行的建议，同时三和银行与之交情不深，自然也不会提供帮助，于是，遭遇了困难。

后来，小柴先生更是邀请了曾担任三菱银行副总裁、三菱研究总裁，最终成为研究咨询顾问的向井重阳先生担任伊势丹公司的会长。

伊势丹曾处于对三菱银行“寄人篱下”的状态，但伊势丹并未成为三菱集团的一部分，而是最终与三井集团的

[1] 伊势丹是一家日本的百货公司，由株式会社三越伊势丹控股旗下的株式会社伊势丹负责营运。在日本关东、中国和东南亚等地设有分店。——译者注
[2] 另一家日本百货公司品牌。——译者注

源头——三越合并（这是因为伊势丹的第三代社长小菅丹治先生于 1918 年出生，于 1941 年加入三井物产）。笔者确信如果伊势丹的主要银行是住友银行，这种情况就不会发生。当然，住友银行后来与三井银行合并，或许最终结局也会如此。

一家银行两个人力资源部门

第一银行和日本劝业银行于 1971 年合并为第一劝业银行。合并就意味着职位数量减半，原来的两名行长变成了一名。支行的数量虽不至于减半，但也会大幅减少。

这两家银行在合并时决定设立两个人力资源部门，目的是向员工表明，对原来两家银行的员工照顾有加，同时关注自己一派的利益是否受损。如果因合并导致职位数量减少，员工肯定会担心自己的待遇。

三越之外的百货公司很难加入企业集团的原因

以百货公司为例。列举日本主要百货公司合并前的名字，如下[1]：

【专业】三越、伊势丹、崇光、大丸、松坂屋、松屋、高岛屋

【电铁系】西武、小田急、京王、东急、东武、名铁、近铁、阪神、阪急、京阪

除此以外，各地区还有其他一些老字号，如以女子田径闻名的冈山县的天满屋和大分县的 Tokiha（トキハ），我们需要注意的是以下两点：

· 百货店数量多于 6

· 大量电铁系公司

6 是企业集团的数量，这意味着，以银行和商社为主的企业集团，更准确地说是银行，会与多个百货公司进行交易，很难选择某一家百货公司使其加入集团。当然，三井的本家三越是个例外。

此外，除了西武[2]以外，其他的电铁公司通常是百货公司的母公司，因此，银行通常更关注与电铁公司的业务。也就是说，对于银行来说，电铁系百货商店并不是业务目标。不过，基于人情世故考虑，作为电铁公司的主要银行，将与电铁系百货公司竞争的专业百货商店纳入企业集团也不太合适。

[1] 以下的“专业”是指创业以来就专门从事百货商店的公司；“电铁系”是指铁路发展后由铁路公司创立的百货公司，一般起源于车站。——译者注

[2] 西武分为堤义明的“国土公司”、铁路系统和清二的物流系统。

4. 经济高度增长期

随着朝鲜战争导致的需求增加，日本经济得以复苏。当然，战争会加大经济波动的幅度，所以 1954 年经济陷入了衰退期。随后又开始了高度增长时期(1954 年至 1973 年)。表 9 比较了“二战”后经济长期增长时期的情况。实际增长率达到了两位数。当时的日本和现在不同，处于通货膨胀时期，所以实际感受到的增长可能更大。

由于持续时间较短，表格中没有列出高度增长的开端是神武繁荣。在 1954 年 12 月至 1957 年 6 月的 31 个月的时间里，日本平均实际增长率约为 8%。当时日本的传统神话还属于家喻户晓的知识，所以说这次繁荣是“神武以来”首次，意思是自初代天皇以来的第一次。战后不久的日本经常使用这一说法，如将棋选手加藤一二三被称为“神武以来的天才”。

然而，随后经济增长更加繁荣，这必须追溯到神武之前。于是，以天照大神从岩洞中出来、照亮日本为典故，“岩户繁荣”开始了。再往前追溯，就要到日本的创世纪了，那时候创造了日本列岛和众神的是伊邪那岐，所以称之为“伊邪那岐繁荣”。再后来，就是小泉纯一郎担任首相时的“伊邪那美繁荣”（小泉繁荣），不过，这个词就不太流行了。

表 9 第二次世界大战后长期经济扩张时期的比较

开始年月	持续时间	名称	GDP 增长率（实际年率）
1958 年 7 月	42 个月	岩户繁荣	11.3%
1965 年 11 月	57 个月	伊邪那岐繁荣	11.5%
1986 年 12 月	51 个月	泡沫繁荣	5.3%
2002 年 2 月	73 个月	伊邪那美繁荣	1.6%
2012 年 12 月	71 个月	？？	1.1%

企业经营者理解繁荣周期循环和政府作用

由于经济总体上走势良好，企业持续发展，尽管在经济下行时期也不是没有公司破产，但整体上是增长的。更重要的是，战后的经营者在一定程度上理解了经济波动和繁荣周期循环的概念。换句话说，即使在繁荣时期，人们也知道经济会在某个地方到达拐点，开始走下坡路。此外，还知道了另一件重要的事情——当经济衰退时政府会介入。

换句话说，不仅经济，政府也被视为环境因素。这有点像博弈论的入门理论。实际上，在 1964 年东京奥运会闭幕后出现的证券萧条[1]，是由于日本银行及时向山一证券

[1] 证券萧条：1964—1965 年，东京奥运会后，企业业绩恶化，金融收紧，sunwave 工业等大企业倒闭，山一证券陷入经营危机。本文提到的日银特别融资救了山一证券，随后开启了“伊邪那岐繁荣”。

提供了特别贷款，才勉强没有演变成“危机”。当时的财务大臣是田中角荣，日本银行还未从政府独立出来。

交叉持股阻碍实质性的资本扩大

在这样的经济环境和日本政府支持下，企业得以安心采取成长战略。剩下的问题是充实资本。日本政府提供的解决方案是1950年实施的《资产重新评估法》。会计手续被简化，但由于通货膨胀严重，持有的资产被重新评估（当然是向上调整）。这样一来，总资产增加了（与现在不同，当时认为拥有的资产和资本越多越好），折旧费也与资产的现值相匹配。

然而，增资也存在被收购的风险，因此，出现了交叉持股。但通过交叉持股实现的增资并不会增加公司自身可以用于业务的资金。通过一个简单的例子来说明。

① A公司向银行借入1亿日元，买入1亿日元B公司新股，B公司得到1亿日元现金。

② B公司用这1亿日元认购A公司价值1亿日元的新股。

③ A公司用这1亿日元还清银行债务。

结果如下所示。

④ A和B两家公司各持有对方1亿日元的股份。

⑤ A 和 B 两家公司的资本金分别增加了 1 亿日元。

⑥资产负债表（B/S）右侧的 1 亿日元，在左侧则被列为对方公司的股票。

那么，如果这两家公司使用手头的现金在市场上购买对方的股票（不是新股），会发生什么情况呢？现金存款减少 1 亿日元，持有股票增加 1 亿日元。如果这两家公司互相持有股份，似乎没有什么大不了的，但如果有 31 家公司，剩余资金 30 亿日元用于购买其他 30 家公司的股票。这意味着剩余资金将耗尽。但是，自己公司的稳定股东也会增加。

关键点有二：

· 通过交叉持股来稳定股东，不会给企业带来更多的可用资金。因此，需要向银行借款作为业务资金

· 更容易提高稳定股东比例的方法是不增加总股数。因此，双方在市场上购买既有股份而非发行新股。然而，这种方法会导致即使其他公司购买了自己公司的股票，自己也得不到资金。因此，必须向银行借钱购买对方的股票

当然，长此以往，公司就难以发展。这可以说是日本经济发展初期集中出现的现象。换句话说，公司通过银行借款实现了股东稳定化（互相持股）和业务扩张。因此，自有资本比率不会太高，银行有更多发言权。这意味着日

本已经成为初中和高中教科书中教过的“间接金融”[1]国家。主要银行制度就是这么来的。

主要银行不希望其客户合并

接下来，从银行的立场来考虑。对银行而言，最理想的情况如下：

· 客户增多

· 客户稳健成长，对银行的资金需求日益增加

然而由于银行最多只能持有一家公司 5% 的股份（该公司已发行股份的 5%），因此不存在资本参与运营公司使其成为集团一部分的情况。

但是，贷款也不是越多越好。从风险管理的角度来看，一家银行独自承担所有企业的借款并不是明智的做法，尤其是贷款金额较大时。于是，诞生了由多家银行通过协议共同融资，并由主要银行协调整个过程的制度。

当谈到企业合并时，会发生什么呢？暂且不论对等合并这种复杂的情况，只考虑实际上有明确的收购方和被收购方的情况。对于收购方公司的主要银行来说，可能并没

[1] 间接金融：银行等中介机构通过介入，将资产（如个人存款）贷款给需求方（企业）。在此过程中，中介机构（如银行）的资产负债表中，接收的存款是负债，而贷出的款项是资产。反义词是直接金融，证券公司只充当中介，投资者直接购买和持有需求方的股票或公司债等。

有太大的负面影响。相反，被收购公司的主要银行将失去其主要银行的地位和一个贷款客户，还可能导致经验丰富的银行员工失去再就业机会[1]。换句话说，这对被收购方的主要银行来说是有弊无利。

因此，被收购公司的主要银行的合理行为应该是，在不合并的情况下让该公司重新振作。常规的做法是，在讨论合并之前就支持该公司，确保其不被收购。在某些情况下，“支持”意味着银行在其关键业务决策中拥有发言权。

如果两家试图合并的公司的主要银行是同一银行又如何呢？不告知被收购方就筹备收购事宜肯定是不合适的。还是等到“气氛到了”可以合并时再行动呢？此外，如果两家公司合二为一，银行员工就少了一个再就业的地方。因此，银行没有动力推动合并。除非出现特殊情况，如被收购方的偿债能力受到质疑；否则，银行基本上是不会主动促成合并的。

企业集团之间不太可能发生企业合并

前文所述的结果就是，在主要银行制度下，难以实现企业合并。尤其是跨越企业集团的整合，在过去是不可想

[1] 这里是指主要银行的资深员工原本有机会跳槽到其服务的公司担任财务职位，但公司被收购则失去了这个机会。——译者注

象的。然而，由于现在银行本身也跨越多个企业集团进行整合，这一情况有所改变。另外，在企业集团内部，如果是由贷款关系构成的集团而不是旧财阀的成员公司，更难以实现所谓的“跨越整合”。

大阪商船三井船舶（现三井商船）是一个例外。1964年，当时的运输省（现国土交通省）根据1963年的《海运再建二法》[1]，对航运公司进行了全面重组和合并。日本邮船也与三菱商事旗下的三菱海运合并。商船三井船舶虽然是三井旗下社长会（二木会）的成员，但并未加入住友的宣传委员会。

大阪商船是濑户内海的海运从业者为了避免竞争而成立的公司。住友和其他公司一样，以实物出资的方式提供船只，由广濑宰平担任首任总经理（社长）。换句话说，大阪商船并非住友的公司，而是被视为“与住友财阀关系密切的公司”。因此，在与三井船舶的合并中摩擦和阻力较小。

三菱的行动

日本石油虽然不是旧财阀系企业，但其在1999年和三

[1] “海运再建二法”：指的是两部海运相关的法律，分别是《海运业的再建整备临时措施法》和《外航船舶建造融资利息补助及损失补偿法以及日本开发银行有关外航船舵建造融资利息补助临时措施法的部分修正法律》。

菱石油合并了。尽管日本石油规模更大，但合并后的公司至今仍是三菱金曜会的成员。三菱石油成立于1931年，是由日本石油与美国联合石油（Associated Oil）合资成立的公司，三菱方面的投资用于合资、矿业和商业。此外，2016年，日产成为三菱汽车的首席股东。三菱汽车最初是三菱重工的内部组织之一，在成立时由克莱斯勒和三菱折半投资。尽管现在其资本系统是日产系，但仍然是金曜会的成员。

三菱的这些行动很有趣，无论是三菱石油还是汽车业务，其整合和结合的伙伴都比自身更大。这两家公司看起来正在逐渐远离三菱的资本系统，但三菱似乎并不在意，仍然保留其在社长会的席位。特别是三菱石油，虽然用“虾米钓大鱼”来比喻可能会对三菱石油不敬，但看起来确实如此。与住友金属在与新日铁的合并时离开白水会形成鲜明的对比，三菱的行动原则似乎完全相反。

主要银行制度造成业务公司的竞争和低收益

回到银行的话题，似乎因为日本是间接金融国家，由于主要银行制度的存在，银行和企业并没有减少每个行业（市场）的公司数量。这导致了会有大量公司为求生存持续进行激烈的价格竞争，即使是龙头企业的利润也很低。

举例来说，日本汽车制造商能够赚取利润的地区是北美（美国和加拿大），而不是日本。由于北美市场的盈利能力，当时的三大汽车厂商（通用、福特、克莱斯勒）曾有一段时间没有开发面向欧洲和日本的小型车。虽然后来推出了紧凑型汽车，但从日本市场的角度来看，这些汽车还是太大了。得益于此，大量日本三号车（在美国算小型车）得以销售并盈利。

这种“激烈的竞争”和由此导致的低利润不仅限于汽车行业，或许也与日本市场的非关税壁垒政策有关，而这很可能是由主要银行制度造成的。

只有两名股东的股东大会

三菱汽车公司成立之初（1970 年）的原始股东是三菱重工和克莱斯勒公司。公司于 1988 年上市，上市前不久，股东大会在原岩崎的一栋别墅举行。这里是日本近代政治家、日本前首相伊藤博文的故居，是占地 10000 多坪的西式建筑。克莱斯勒的著名董事长李·艾柯卡（Lee Iacocca）曾在这里询问日本三菱重工的社长（笔者印象里是如此）：“这里是尊府吗？”

日本财阀的经营之道

第六章

从泡沫经济崩溃到企业重组

1973年，日本经济的高速增长期结束。紧随其后的是石油危机。照例用简单的年表来表示后续的史实，如下所示：

1972年 美日纤维谈判，日本开始自愿管制对美出口。

1973年 第四次中东战争，导致第一次石油危机。

1979年 伊朗革命，导致第二次石油危机。

1985年 《广场协议》，几个发达国家达成协议贬值美元。日元汇率在不到2年的时间内从235日元兑1美元变成了120日元兑1美元。

1986年 《前川报告》（扩大内需）。

12月，泡沫经济繁荣（持续至1991年2月）。

1989年 《日美结构性障碍协议》。

1997年 修改《反垄断法》，解禁纯控股公司。

1998年 银行债务人进行自我评估，同时向主要银行注入公共资金。

1999年 允许股权交易（修订《商法典》）。

2001年 对上市商业公司资产进行市场估值。

库存股解禁（允许进行股票回购）。

美国遭遇911恐怖袭击。

2006年 固定资产减值。

2008年 雷曼兄弟破产。

下文指出几个要点

·在石油危机期间，经济增长率并没有出现负增长。严格地说，1974 年，当第一次石油危机开始影响全年经济时，实际经济（当时的国民生产总值）增长率为“负 0%”，名义增长率超过 15%。在第二次石油危机爆发时，日本的经济增长保持稳定，现在回想起来，这是令人羡慕的。换句话说，石油危机标志着高增长的结束和宏观经济的历史转折点，但就企业经营而言，它并不一定算得上一场“危机”

·20 世纪 70、80 年代是美国经济衰退的时期，虽然年表中只列出了 1972 年的纤维谈判，但在后来（甚至在之前）还进行了各种产品领域的谈判，自愿限制出口、工厂迁入美国以避免摩擦。在日美结构性谈判中，讨论的不是单个品种，而是“经济全局”，日本需要扩大内需，财政赤字就此开始

·20 世纪 90 年代前半期没什么大事发生，这段时期有时被称为经济和工业“失去的十年”，但通过梳理就会发现其实没什么大事发生。虽然日本社会在正常运转，但股票价格和土地价格下跌，许多企业陷入困境，银行面临贷款可能坏账的问题。日本政府可能正忙于制定应对这种大环境的政策和制度。因此，自 1997 年修订《反垄断法》（这是时隔 50 年来首次重大修订）以来，发生了一系列与公司有关的重要变化

1. 金融机构先于商业公司破产

日本的研究控股公司的权威下谷政弘先生曾解释道，1997 年《反垄断法》修改后，解禁了纯控股公司，原因是有必要允许银行成为纯控股公司，这就必须承认企业也可以是纯控股公司。

如果只是银行，合并就能解决问题。但证券公司也受到了影响。因此，不仅认可了金融控股公司[1]，还取消了银证分离的原则，由亏损的银行救助亏损更惨的证券公司，这种惨不忍睹的景象就是当时的现实。

自我评估和公共资金注入

业务公司面临的问题是银行进行的自我评估。这似乎并不为大众所知（即使是银行职员也有很多人不知道），所以，在此简要说明一下其流程。

【步骤 1】公司以房地产作为抵押，从银行借入 10 亿

[1] 金融持股公司：拥有子公司是金融公司的持股公司（纯持股公司）。

日元。这时是一个良好的贷款对象。

【步骤2】该房地产价值下跌至3亿日元。换句话说，抵押品价值有7亿日元的贷款缺口。

【步骤3】银行判断该公司无法偿还，濒临破产。

【步骤4】银行计提7亿日元的准备金（严格来说，由于【步骤1】中已经计提了一般坏账准备金，所以这是从7亿日元中减去实价后的金额，但几乎等于7亿日元）。这将成为银行损益表中的一项支出。这意味着银行利润额减少或赤字增加。

【步骤5】银行为了避免损益表上的损失，要求公司偿还（即所谓的“剥离”）。

【步骤6】公司为了筹集偿还资金，“抛售”这些质押的房地产和各种资产。

【步骤7】公司为了削减成本，要求员工离职（即裁员）。

虽然这是房地产的例子，但做了所谓财务对策的公司也会因其持有股票的价值下跌而导致其拥有的是潜在亏损而不是潜在收益。如果这些股份进行了抵押，情况与上述相似。此外，即使【步骤3】不是“濒临破产”，而是“业绩下降”，银行的坏账准备金也会在一定程度上增加，因此从【步骤5】开始，同样的剧情也会上演。

在大家都相信土地和股票会升值的年代，即使企业的业绩稍有下降，银行也不太会收紧贷款。但是当众多公司的业绩下滑时，银行的利润也会因为准备金的增加而下降。

其中一些贷款对象将会破产。银行的贷款对象破产的情况时有发生，但由于所有企业都受到了泡沫经济破灭的大环境的影响，因此银行无法在融资上分散风险，导致一些经营稳健的银行也不得不接受公共资金的注入。

大型银行为了行业重组而自我重组

日本政府期待着通过公共资金来增加银行的自有资本，以促进贷款的顺畅发放。有些银行顺利实现了这一目标，有些则未能达到这一目标，或者说无法达到。

未能达到目标的银行数量并不多。即使是一些相对稳健的银行也不得不接受公共资金注入，并进行合并，有时甚至要接管整合濒临破产的金融机构，最终形成了大型银行。瑞穗控股于 2000 年成立，三井住友银行于 2001 年成立（金融集团于 2002 年成立），三菱东京日联银行于 2006 年成立（日联银行于 2002 年由三和银行和东海银行合并而成）。

实际上，三菱银行可能并不需要与东京银行或者 UFJ 银行进行合并，但日本政府希望它们这样做。因为当其与东京银行合并时，就能够利用东京银行的优势，比其他当时的都市银行更具竞争优势。

随后，瑞穗银行成立时，樱花（三井）、住友和三菱在规模上稍逊一筹。这使合并显得有必要。最后的结果就是诞生了三家大型银行。因此可以看出，并非所有银行都是因为不良贷款而被迫合并。

金融业的干预会加剧经济衰退

一般情况下，经济衰退是由产能过剩和供过于求引起的。相应的则是需求疲软。在商品和服务领域，确实如此，但是对于大规模的经济衰退、经济危机等问题，情况就不一样了。1929 年的世界经济危机源于纽约股市的崩盘，而 20 世纪 70 年代的石油危机并没有牵扯到金融领域，所以，经济和企业都得以复苏。

最近的一个例子是，欧洲金融机构投资次级抵押贷款，导致资产负债表恶化，无力向新兴国家提供资金，使得新兴经济体陷入衰退。图 4 显示了次贷危机爆发前，发达国家银行对新兴国家的贷款余额，令人惊讶的是，大部分贷款来自欧洲。原因是接受贷款的国家大多曾是欧洲的“殖民地或国土”。虽然东欧国家并非旧宗主国，但匈牙利与奥地利曾是一个国家，波兰的部分地区曾是德意志帝国的一部分。换句话说，它们有着历史渊源。南非铁路的债券通常由英国人持有，这也是一种历史联系的体现。

新兴国家经济相对较快地从雷曼兄弟破产危机中复苏，

是因为尽管失去了来自旧宗主国的资金，但经济基本面并未受到影响。相反，银行元气大伤的欧洲反而复苏较慢。

图 4 日本、美国和欧洲的外国银行未偿还贷款

（截止 2008 年 6 月底）

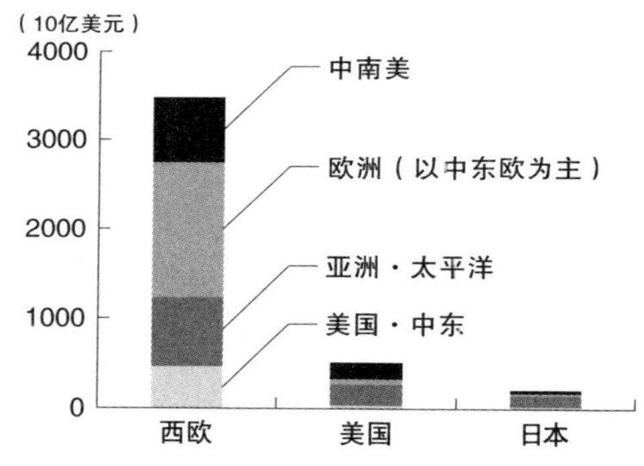

出所：国际清算银行（BIS）。

日本银行的收益波动很小，世界罕见

美国通用电气的 CEO 杰克・韦尔奇退休，接任的杰弗里・伊梅尔特上任后，美国通用电气股价下跌。当时股市人士分析其原因如下。

・美国通用电气涉足了金融业

・而金融业的收益波动较大

· 因此美国通用电气的股价难以上涨

在日本，没有所谓的金融业，只有银行和证券公司。而银行的收益波动相对于制造业来说较小。然而，随着日本泡沫经济的破灭，金融控股公司开始控股证券公司，行业的业态在向收益波动较大的方向转变。

2. 一个行业中六家公司是否太多

现在银行已经减少到3家，但企业集团仍然保持6家。换句话说，与主要银行数量相比，企业集团数量更多。而这并不仅仅是因为银行在泡沫经济破灭和公共资金注入的过程中被迫进行了部分整合。在石油、钢铁、水泥、航运、造纸等行业中，大型企业的数量少于6家。正如詹姆斯·阿贝格伦[1]所说："如果没有外资收购，日本汽车工业本会沿着自然的轨迹发展，合并成两三家公司。丰田和本田会变得更加强大，而实力较弱的制造商则会消失。失败者靠外国投资而幸存下来，但不能说这是一项成功的投资。"

笔者对这些被称为失败者的公司表示同情，也不完全赞成阿贝格伦的观点，但这一解释十分直白易懂。这本书出版于2004年。随后，汽车行业开始走向系统化，其他产业也如是，日本公司倾向于在国内实现合并。因此，才建立了如纯持股公司和交叉持股等企业重组制度。

换句话说，六大企业集团是在一个行业中存在许多公

[1] 詹姆斯·阿贝格伦（James C.Abegglen）（1926—2007），美国经营学家，作为美国福特财团的研究员来到日本，1958年出版了畅销书《日本的经营》（The Japanese Factory），是波士顿咨询集团共同创始人（1965年）。1966年出任日本分公司首任社长，后任上智大学教授。——译者注

司的时代形成的。有些行业由于公司数量过多，无法进入集团。但现在情况已经改变了。

企业集团的未来

公司数量的减少导致以下现象：

· 各企业集团的公司所属行业开始多样化

·被整合的企业同时属于在其合并前所属的企业集团，以暂时避免摩擦

也有一些公司同时属于三个企业集团。

从来没有人规定一家公司只能属于一个企业集团。企业集团出现的初衷并不是追求管理上的合理性。即使公司只想加入一个集团，舍弃其余的一两个集团也没有好处。

笔者认为，目前的企业集团的存在形式可能正处于过渡阶段，很难预测其未来的走向。不过，笔者认为三井、三菱、住友等旧财阀的社长会可能会继续存在一段时间。

首先，保持企业间友好是有意义的。与银行系不同，旧财阀企业有共同的历史渊源，这是其友好的基础。其次，是由于财阀的总部被外部力量解体，这使得各企业之间有一种凝聚力。

这种凝聚力以各种各样的形式表现出来。例如“对场所的留恋”。日本银行附近有三井本馆和三越总店，隔着

山手线对面有三菱村。或者集团共同的高尔夫球场，旧财阀的设施，例如艾柯卡（Iacocca）造访过的开东阁。这些设施只对公司的高层开放，形成一种激励，促使身居高位的人了解财阀的历史。公司内部的档案馆也是为此存在的。

与此相比，源自银行系统的企业集团并不具备对抗解体的凝聚力。然而，如果考虑到企业经营者之间的友好关系可能具有无法估量的价值，那么这种集团或许会意外地持久存续。而且，这种友谊的性质也取决于未来企业集团间的整合程度，并会随之改变。

3. 现代的大型企业

那么，企业集团在当今日本大型企业中的地位如何？或者说，它们是否正在失去影响力？作为一个简单的指标，笔者考察了销售额排名前 50 位的公司（不包括金融公司）（表 10）。

笔者将这 50 家公司分为六大企业集团系、其他旧财阀系、公益系和独立系。公益系包括邮政、电信、铁路、电力和钢铁。软银的业务类型与 NTT 和 KDDI 相同，都是通信，即属于公益部门，但由于其不具备国家政策公司的历史背景，因此被归类为独立系。以上是分类的基准。

表 10　日本大企业所属集团（○代表其属于哪一系）

项目	销售额（10亿日元）	独立	公益	三井	三菱	住友	芙蓉	三和	一劝	其他旧财阀
丰田	29929	○								
本田	14931	○								
三菱商	14779				○					
日本邮政	11950		○							
NTT	11899		○							
伊藤忠	10982								○	
ENEOS	10011									○
日产	9878									○

（续表）

项目	销售额（10亿日元）	独立	公益	三井	三菱	住友	芙蓉	三和	一劝	其他旧财阀
日立	8767						○	○	○	○
IEON	8604	○								
索尼 G	8259	○								
松下电器	7490	○								
三井物产	6885			○						
丸红	6827						○			
丰田通商	6694	○								
7-11	6644	○								
东电 HD	6241		○							
软银集团	4861	○								
出光兴产	6045	○								
日本制铁	5921		○							
住友商社	5299					○				
KDDI	5237		○							
电装	5153	○ 丰田								
软银	4861	○								
三菱电机	4462				○					
大和房建	4380	○								
三菱重工	4401				○					
富士通	3857								○	
爱信	3784	○ 丰田								
JFE	3729						○			
佳能	3593	○								
三菱化学 HD	3580				○					
普利司通	3507	○								
铃木	3488	○								
松田	3430	○								
东芝	3389			○						
斯巴鲁	3344	○ 丰田								
武田	3291	○								
梅迪法尔	3253	○								

（续表）

项目	销售额（10亿日元）	独立	公益	三井	三菱	住友	芙蓉	三和	一劝	其他旧财阀
关西电力	3184		○							
住友电气	3107					○				
NEC	3095					○				
中部电力	3065		○							
JR 东日本	2946		○							
COSMOS HD	278	○								
Alfresa	2698	○								
三菱食品	2654				○					
DAIKIN	2550	○								
日铁物产	2480		○							
小松	2444	○								
		24	9	2	5	3	3	1	3	3

注：2020 年结算期的综合销售收入。若 3 月结算为 2020 年 3 月，12 月结算为 2020 年 12 月。

丰田．三菱和综合商社

可以从表 10 发现一些有趣的现象。

·在这 50 家公司中，有 24 家是独立系公司。丰田应该算在三井旗下吗？笔者认为考虑到其实际情况恐怕还是分开比较好

·在这 24 家独立系公司中，包括丰田、丰田通商、电装、爱信以及斯巴鲁这 5 家公司。在日本的大型财阀中，三菱和丰田都有 5 家公司，数量最多。20 世纪中叶以来，

世界进入了汽车工业的时代，而在日本，丰田的巨大成功有目共睹

·除三菱外，其他企业集团中也有 2 至 3 家公司跻身这个排名之中。总共有大约 14 家公司（日立以鲇川公司计算），减去重复计算的部分。这个数量相对较少

·在这 14 家公司中，有 6 家是综合商社及其集团子公司（例如三菱食品）。综合商社是日本特有的产业，尽管经历了经营危机和业务模式的改变，它们似乎仍然牢固地保持着自己的地位

这个行业的企业数量并没有明显减少。虽然有一些企业发生了合并，如安宅工业被伊藤忠吸收合并（1977 年），日棉和日商岩井合并（2003 年→双日），以及丰田通商吞并了东芝（2006 年），但三井、三菱、住友、伊藤忠和丸红等顶级公司现今仍然存在。这可能是因为在国际市场上没有同行竞争对手。

·没有 GAFA 公司。换句话说，没有能够代表和引领时代的公司。这在除美国以外的其他发达国家几乎是一样的。因此，这并非日本独有的问题

大企业正在进行企业和业务的重组

可以说，通过成功的企业重组、整合而发展壮大的企

业有很多。具体来说，各系中有如下案例：

独立系有 ENEOS、IEON、7-11、武田药品、Medipal、阿尔弗雷莎、普利司通

公益系有日本制铁

旧财阀系有三菱食品、JFE、三菱化工

其中，武田药品和普利司通是例外，它们是通过收购外国公司而壮大的。IEON 是通过并购（M&A），7-11 是通过集团重组，因此，它们的经营战略和政策是不同的。也就是说，即使是同行业的公司在同样的环境下所采取的行动也不尽相同。话虽如此，但它们都进行了重组也是事实。

ENEOS、JFE 以及日本制铁就多次进行整合，以提高国际竞争力。三菱食品是由三菱商事的食品部门进行集团企业重组（与菱食、明治屋商事等）而形成的企业，三菱化工则是三菱系的三家化学公司合并的产物。

话题

收购伊藤洋华堂附赠 7-11 吗？

现在的 7-11 控股公司是一家成立于 2005 年的纯控股公司，它整合了伊藤洋华堂、日本 7-11 和日本丹尼餐厅这三家公司。此前，伊藤洋华堂可以说

是母公司，伊藤洋华堂（包括其创始人等）持有7-11过半的股份。

7-11 利润高，用一句老话来说，是伊藤洋华堂的“孝子”。而且其股票市值不断增长，最终超过了母公司伊藤洋华堂。

这就产生了一个问题。

即“收购伊藤洋华堂就能成为 7-11 最大的股东”。对于考虑进行并购的基金来说，没有比这更“美味”的交易了。因此，伊藤洋华堂和 7-11 进行了合并，以防被收购。

还有一个后续故事。百货公司崇光于 2000 年破产，之后与西武百货合并（控股公司是 Millennium Retailing），而 7-11 控股公司在 2006 年将 Millennium 公司纳为子公司。Millennium 的目的是防止被收购。

集团内部重组

在此必须指出一个从上述内容中无法看出的重要的现象，即大企业进行了集团内部的重组。以松下电器公司（前身为松下电器产业株式会社）为例。

2001 年，吸收合并松下电子工业。

2002 年，将松下通信工业、九州松下电器、松下精工、松下寿电子工业、松下电送系统纳为全资子公司（股份交换）。

2004 年，再次子公司化松下电工（2011 年完全子公司）。

2009 年，合并三洋电机（2011 年成为全资子公司）。

2012 年，吸收合并松下电工。

2015 年，通过股份交换，使松下信息系统成为全资子公司。

2017 年，通过股份交换使 Panasonic Device SUNX 成为全资子公司。

Panahome（现 Panasonic Homes）通过股份合并成为全资子公司。

松下在 20 世纪 20 年代的松下电产时代就采用了部门制。尽管全球范围内通常认为杜邦是第一个采用这种制度的公司，但松下几乎与之同时采用了这一制度。其组织结构的特点是设立分公司，类似于现代的内部公司。

但是，松下电产之所以有多家公司，除了这种组织方针之外，还有一部分原因是战后 GHQ 的指导方针。松下电产被 GHQ 视为军需工业兼财阀，松下幸之助先生因此成为被开除公职的对象。然而，由于 GHQ 不太了解日本的实际情况，因此发生了出乎意料的事件，即工会员工请愿撤回开除的运动，正因如此，松下先生得以复职，免予被开除公职。这是一段佳话，但是许多公司仍然被拆分了。

21 世纪初至今，许多企业进行了各种形式的整合，其中包括像三洋电机这样的救助型整合,但在大多数情况下，合并的目的通常是业务重组以及防止被收购。集团公司的高度自治性使得业务重叠更容易发生。

举例来说，在 20 世纪 90 年代，除了松下电产总部外，松下通信工业和九州松下电器也在生产文字处理器软件。这些软件之间互不兼容（更确切地说，在互联网时代之前，软件兼容性并不是必需的）。

在过去的日本家电制造业中，工厂为了提高产能和养活员工通常会自主开发新产品。

一个著名的例子是三菱电机群马工厂 1977 年生产的被褥干燥机。尽管这是群马工厂开发的日本首款产品，但当各工厂开始生产类似的热销商品时，就会出现产品重叠。这意味着业务整理在某种程度上是必要的。松下电产通过吸收和子公司化来提高市场份额，但同时也有一些业务被终止或出售。

各公司的业务重组集中在 21 世纪初，因为直至此时相关法规才得以完善。因此，日本企业不仅可以通过日常的努力来提高自身能力，还可以通过收购、出售业务以及重组集团企业来轻松地进行业务调整。尽管目前没有像制度改革后那样的大规模并购潮或重组潮，但这似乎已经成为一种常态化的做法。

话题

重组让核心业务更精简

说到日本的企业重组，给人的印象是集中精力发展核心业务，清算低利润的多元化业务。这当然是很多情况下的目标，但大坪稔（33）在对业务重组型的控股公司化进行实证分析时发现，在这个过程中，往往“缩减了核心业务规模，进而提高收益”。

这是一个令人意外的事实，原因可能是核心业务被和其他业务进行横向比较评估。这意味着母公司的核心业务也将受到严格审视。

4. 迈向能力转移时代

迄今为止，日本企业的强项一直被认为是能力建设。典型的是汽车行业。这一强项的基础是长期雇用、员工培训和基于年功序列的工资制度。这与前面介绍过的阿贝格伦在其 1958 年的著作中提出的观点相似（阿贝格伦指出的三点中没有员工培训而是企业内部工会）。

另外，野中郁次郎在与竹内弘高合著的《知识创造企业》（『知識創造企業』）中，提出了与西方的“形式知识”相对的东方的“隐性知识”的概念，举例来说，日本人通过集训和酒会，共同培养、传播隐性知识。隐性知识无法被转移，因此，才会认为这是一种优势。

可以说，这些观点肯定了日本企业的基本风格，即每天努力提高自身能力。野中的著作于 1996 年出版了日文版（先出版了英文版）。而解除对纯控股公司的禁令是在 1997 年，银行的自我评估是在 1998 年。换句话说，笔者认为这本书可能在改革大潮到来之前无意中给日本公司吃了一粒定心丸。此外，日本有能力进行能力建设和形成隐性知识的企业应该不多。然而，或许就是因为当时的局势动荡不安，甚至让那些本应该感到不安的公司放松了警惕。

在这方面，笔者认为这与第一次世界大战结束后出现的经济回光返照类似，当时的经营者试图继续相信未来。

企业重组与能力转移

笔者想介绍一个典型的能力转移案例。1934 年，一家名为东邦人造纤维的公司成立，这是成立于 1950 年的东邦丽阳的前身。该公司生产由工业技术院开发的 PAN 系列碳纤维，是仅次于东丽的世界第二大生产商（排名第三的是三菱丽阳。由于是日本技术，所以当时业内前三的都是日系公司）。2000 年通过要约收购（TOB）成为帝人的子公司，更名为东邦 Tenax。2018 年进行吸收合并，现在是帝人重要的收益部门。

此例中，东邦丽阳的业务、雇员、知识、技术、形式知识和隐性知识都会成为帝人集团的资产，也就是说，被转移了。换句话说，能力和知识是竞争力的一种来源，这是不争的事实。但是，能力和知识不会被转移（所以也无法被偷师，因此才具有竞争力）。

这一点在野中先生撰写该书时确实如此，但必须认识到在之后日本企业进行全面重组时，情况发生了变化。

曾任丰田汽车副社长的大野耐一先生有一本名为《丰田生产方式》（『トヨタ生産方式』）的著作。仔细一想，该书的出版动机有点蹊跷，因为丰田生产方式是丰田的竞争优势来源，因此应该把它视为企业机密。不过丰田没有这样做,可能是因为他们相信读了这本书也无法模仿。当然，如果要出售国内主要工厂之一的话可能会有相当多的知识被转移走，但恐怕没有人能预料到这样的未来。

丰田是代表日本的企业。但是，丰田的行动并非日本企业的典型行动。作为世界最大的制造业公司，它是一种稀有的存在。因此，与其他公司有很多不同之处。典型的公司都是通过并购（M&A）和人员流动来实现知识转移的。就丰田而言，其生产方式不会被向外转移。然而，他们可能会引入外部的知识，而且可能经常这样做。

此外，日本模式的核心竞争力与通用电气不同，它更倾向于“回归核心业务”，但这未必意味着他们一定会清算外围无利可图的业务，只继续经营核心业务。从松下可以看出，它加强了自己的核心业务。这就是日本的核心竞争力所在。

话题

关于丰田生产方式的咨询顾问

F·泰勒在20世纪初便开始将科学管理引入美

国的制造业。这是一个创举。除了引入“科学管理”本身之外，泰勒作为一名不属于特定企业的顾问，推动了许多企业的工厂管理现代化。

在日本，有丰田生产方式的咨询顾问。这意味着丰田的生产方式也能被引入其他公司（这些公司不是汽车公司）中。可以说它已经被转移了。另外，也有一些顾问引进了京瓷的阿米巴方式[1]。

[1] 阿米巴方式，也称为阿米巴经营模式，是一种企业经营管理模式。这种模式的核心是将企业组织划分为一个个相对独立的“小集体”，每个“小集体”称为一个阿米巴。这些阿米巴可以自行制订计划，独立核算，持续自主成长。——译者注

5. 解除交叉持股与资本市场转型

正如第五章所述，持股会导致银行借款增加。这种情况产生的结果如下：

· 交易银行不想增加贷款，相反他们希望减少贷款

· 企业交叉持有的股票价格下跌，存在潜在损失

· 股票市场估值开始实行，许多公司开始大规模出售持有的股票。不仅是交叉持股，单一持股亦然，典型例子是作为非营利性社团法人的人寿保险公司因投资而持有的股票也会被抛售。换句话说，股价会一路下跌

· 外国股东比例上升，而他们认为交叉持股是不合理的[1]

在上述过程中，交叉持股逐渐解体。

[1] 外国股东的比例激增始于1997年（见图5）。虽然最初认为这是由同年亚洲金融危机导致的，但后来被认为是日本企业相关制度改革的结果。例如会计制度和《商法典》的修订等。

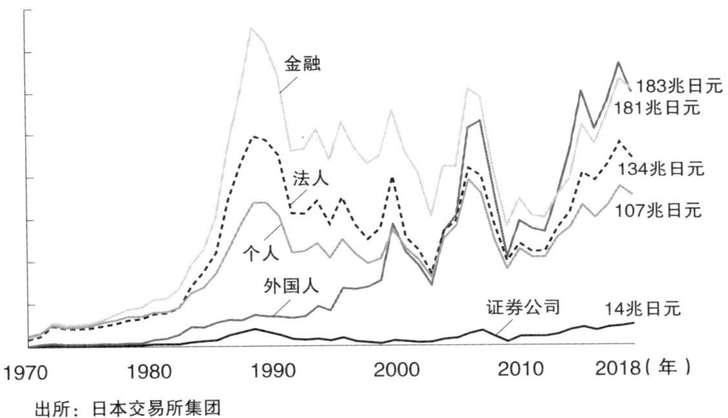

出所：日本交易所集团

图 5 外国股票的比例激增

交叉持股现象有所减少，但交叉持股企业数量并未大幅减少

由图 6 可以看出，在泡沫经济的顶峰时期，18.1% 的股份为交叉持股。然而，进入 21 世纪以来，这一比例已经减少到不到一半。尽管交叉持股企业的数量确实在减少，但总量仍较大。这表明，日本公司并没有放弃交叉持股关系，只是减少了持有的股份。

具体情况如下。

· 公司通过减少互相持有的股份来避免投资者的批判

· 但他们不想破坏与互相持股公司的关系

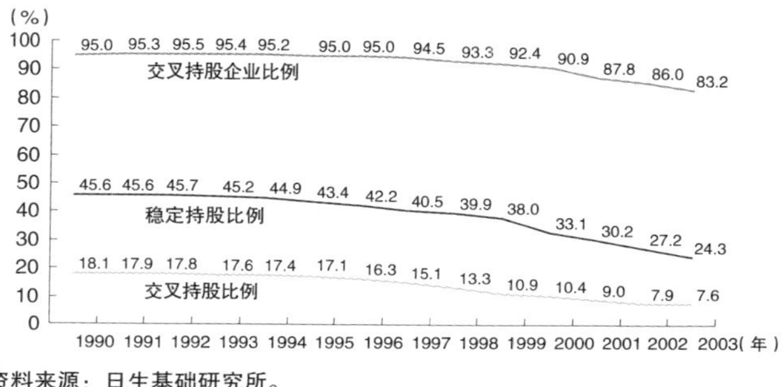

资料来源：日生基础研究所。

图 6 交叉持股的企业比例

解除交叉持股和股份回购

当交叉持股逐渐解体后会发生什么呢？首先，公司会出售其他公司的股份以获得资金。即使因此导致股价下跌，潜在损失显现，但得到了一些现金。

与此同时，公司也会卖出自己的股票，从而导致稳定股东比例的下降。如果自己公司的股价与交叉持股公司的股价都下跌了，那么这就是买入机会。

这个过程就好比电影胶片倒带一样，公司将出售其他公司股票获得的现金用于购买自己的股票。相关禁令在 2001 年被解除。

1990 年交叉持股的比例为 18.1%，这意味着公司发行的股票中有高达 18.1% 不是企业所需的资本。因此，交叉持股的公司花上一段时间逐步出售对方的股票（否则，可能会导致股价崩溃），并用所得资金回购自己的股票是合理的行为。

日本公司的股票回购是否无视了股东？

这种股票回购一直延续至今。表 11 显示了自 2008 年金融危机以来企业融资的情况，其中“增资”一直是负值。这意味着整体而言，日本企业通过购买自己的股票向股东返还资金。当然，个别公司可能会进行增资，但由于回购自己的股票的公司较多，因此总体上是负值。

为什么公司要回购自己的股票呢？可能的逻辑如下：

· 公司业绩良好

· 自有资本（净资产）增加

· 为了避免 ROE 下降，公司希望减少自有资本

· 通过购买自己的股票而不是增加股息，可以提高稳定股东比率

换句话说，提高股价并非为了让股东受益。如果是美国企业的 CEO，他们可能会考虑这一点。而日本的经营者们则想要兼顾股价和预防收购。当然，股价上涨确实能直接提高预防收购的能力，但更为重要的是提高稳定股东的比例来筑牢城墙。如果通过回购股票抬高股价，稳定股东

乐见其成。

这样看来，日本的上市公司似乎并不喜欢自家股票被交易。这种逻辑似乎与上市制度背道而驰。举个现实的例子，三得利食品国际公司（其母公司持有大部分股份）就是一家上市公司。这意味着其他股东实际上无法对该公司普通决议提出异议。

在这种情况下，股东投资的原因可能是对母公司三得利控股公司管理能力的肯定和信任，或者仅仅是将该公司的股票视为纯粹的金融投资（或两者兼而有之）。只要他们清楚自己的投资逻辑，就是合理的。

表 11　企业融资（千亿日元）

年度	合计	外部融资	增资	社债	借入	内部融资	内部保留	贬值
2009	443	-65	-36	15	-44	508	103	405
2010	442	-179	-78	6	-108	622	231	390
2011	550	-64	-67	-28	31	615	239	376
2012	614	2	-38	-19	60	612	258	353
2013	753	-18	-36	3	15	771	417	354
2014	835	-33	-70	4	33	869	492	376
2015	641	-42	-78	1	34	683	286	397
2016	484	-371	-556	94	99	856	476	380
2017	1125	116	-37	64	89	1009	627	381
2018	929	173	-15	56	101	755	375	380
2019	884	256	-38	94	199	628	238	389
2020	1389	581	-59	142	497	808	420	387

资料来源：法人企业统计。

美国的经营者们更关注自身

如果说日本的经营者似乎并不太关心股东，那么美国的经营者就关心吗？应该说也不太关心，他们还是更关注自身。

换句话说，美国的经营者为了能够持续领取高额的年薪，才会做出机构投资者所期待的行动。这些经营者一年的年薪可能是普通工薪阶层终身薪水的数倍。如果能够得到这么多的报酬，他们可能无需深入考虑除了季度利润之外的其他事项，也不需要发自道德或爱心。

幸运的是，我们生活在一个工会可以向日本政府（占领军）请愿“经营者（比如松下幸之助先生）是清白的，请给予援助”的国家。虽然不可能每个人都成为这样的经营者，但由于生活在日本，经营学者们可以将道德、善良和爱作为公司课题进行讨论。公司方面，也会更容易接受诸如可持续发展目标（SDGs）之类的概念。

6. 结语

无论如何，股票回购禁令的解除使得交叉持股更加顺利地解体了。虽然笔者用了过去时，但可能现在仍有一些公司正在进行这样的操作。总体而言，股票数量持续减少，这意味着最近股价（公司股价和日经平均指数等指标）的上涨条件终于成熟。

正如前文所述，日本公司着力于日益精进自身能力，这种能力可以转移到其他公司也是显然的。换句话说，得益于20世纪90年代末的制度安排，现在是企业可以通过并购、公司重组和业务重组变得更加强大的好时代。笔者认为，制定这一制度的人是把日本企业从泡沫经济崩溃中拯救回来的英雄。

剩下的问题是创新。除了创新之外，也可能需要考虑公司的日常发展和进步。举个具体易懂的例子：

· 帝人通过收购东邦丽阳公司，得以发展碳纤维业务

· 那么，东邦丽阳公司为何存在？

在金融投资家占据主导的世界中，产业的创新和发展是无从谈起的。只会不断进行公司之间、业务之间的结合

和分离而已。

笔者在前著中已经说明，日本企业有意识地推动创新，也就是说它们具备技术实力和技术评估能力，还有资金，因此可以成为风险投资者。这一观点虽然并未改变，但意识到了一个问题。如果没有人推动创新，那么就没有人会进行投资，企业重组也就无从谈起。

企业从本质上或者从根本上来说，需要创造新事物吗？很可能，但并不是所有企业都有这样的能力。换句话说，创新并非公司的天性。但是有一些企业能够创造新事物，其中有一部分取得了成功。如果是这样的话，我们还是可以对未来保持一定信心的。

最后，本章的主题之一如下：

·能力转移很困难，因此拥有能力的企业能够保持竞争优势

·但是从20世纪末开始，日本大企业通过转移（集中）能力，也就是通过企业重组和业务重组而强大起来了

为了解释这一点，笔者诚惶诚恐地推翻了野中郁次郎先生的部分观点。但是当笔者写这篇文章时，对这一结论（能力是可以被转移的）感到些许意外，认为有必要更加仔细地验证这一结论。

那么，谁来负责实施这种转移？是否不需要有实施者，只需要有当事企业和为之办理手续的证券公司就足够了呢？

也许，企业集团（社长会）所拥有的亲和企业间关系的功能，能够促进能力的转移和业务重组，或者使其顺利进行。

用可能稍带主观情感的说法来说，松下公司的业务重组是由松下幸之助先生操盘的。这次重组与其说有赖于友好关系，不如说是家族关系。相反，平时互不往来的公司如何能够相互信任、联合起来呢？企业集团可以提供基于自身经验的专门技能，有时还可以提供必要的人力资源（例如，从大公司临时调派具有兼并管理经验的人员来公司工作）。

业务重组的相关工作并非日常业务。因此，有经验的人才很少，曾经经历过这种情况的人才更是弥足珍贵。如果公司规模较大，就会有更多这样宝贵的人才。当这样的公司聚集在一起时，人才供给能力就会得到提升。

对于自己的经验进行自省也是很重要的。是否现在的时代已经不再需要这么做了呢？我们可以观察到：

· 企业集团仍然存在，并且目前并没有消失的迹象

· 大型企业（指排名前 50，不包括银行的企业）中约有四分之一属于企业集团，因此未来一段时间内，日本工业社会仍将继续出现企业集团。那么，它们扮演着怎样的角色，又将如何发展呢？本书涉及的是历史，从这里开始则是对未来的预测。通过历史分析，可以预测和展望未来。希望谨以此书，能做出一些微小的贡献。

参考文献

1. 亨利·明茨伯格等，《战略历程（第 2 版）》（『戦略サファリ（第 2 版）』），东洋经济新报社，2012 年（原著出版于 2009 年）。

2.C·列维－斯特劳斯，《忧郁的热带（1、2）》（『悲しき熱帯（Ⅰ、Ⅱ）』），中公经典文库，2001 年（原著出版于 1955 年）。

3. 维杰伊·戈文达拉扬等，《逆向创新》（『リバース・イノベーション』），钻石社，2012 年（原著亦于同年出版）。

4. W·钱·金、莫博涅，《蓝海战略》（『ブルー・オーシャン戦略』），Random House 讲谈社，2005 年（原著亦于同年出版）。

5. 武藤泰明，《经营的文明史》（『マネジメントの文明史』），日本经济新闻出版社，2020 年。

6. 村上泰亮等，《作为文明的家庭社会》（『文明としてのイエ社会』），中央公论社，1979 年。

7. 尾胁秀和，《壹人两名》（『壱人両名』），NHK Books，2019 年。

8. 山本澄，《日本职场技术与劳动史 1854—1990 年》

（『日本における職場の技術・労働史 1854—1990 年』），东京大学出版社，1994 年。

9. 笠谷和比古，《士（武士）的思想》（『士（サムライ）の思想』），日本经济新闻出版社，1993 年。

10. 北冈伸一，《明治维新的意义》（『明治維新の意味』），新潮选书，2020 年。

11. 芳贺彻，《外交官的文章》（『外交官の文章』），筑摩书房，2020 年。

12. 山口昌男，《经营者的精神史》（『経営者の精神史』），钻石社，2004 年。

13. 尾佐竹猛，《幕末派遣外使节物语》[『幕末遣外使節物語』)，岩波文库，2016 年（原著为《夷狄之国》(《夷狄の国へ》），万里阁书房，1929 年]。

14. 武田晴人，《财阀时代》（『財閥の時代』），角川 Sophia 文库，2020 年。

15. 橘川武郎等，《外资的经营史》(『外資の経営史』)，文眞堂，2016 年。

16. 三井文库（编纂、发行），《史料述说三井的历程》（『史料が語る三井のあゆみ』），吉川弘文馆（销售），2015 年。

17. 武田晴人・关口香织，《三菱财阀形成史》（『三菱財閥形成史』），东京大学出版社，2020 年。

18. 小林正彬，《日本的工业化与官业出售》（『日本

の工業化と官業払下げ』），东洋经济新报社，1977 年。

19. 三岛康雄，《三菱财阀史》（『三菱財閥史』），教育社历史新书，（明治篇）1979 年，（大正・昭和篇）1980 年。

20. 下谷政弘（监修），住友资料馆（编），《住友近代史研究》（『住友近代史の研究』），米涅尔瓦书房，2020 年。

21. 粕谷诚，《战前日本的综合银行》（『戦前日本のユニバーサルバンク』），名古屋大学出版社，2020 年。

22. 武田晴人，《日本经济的发展与财阀总部》（『日本経済の発展と財閥本社』），东京大学出版社，2020 年。

23. 武藤泰明，《集团经营的 7 个新常识》（『グループ経営 7 つの新常識』），中央经济社，2002 年。

24. 有泽广巳（监修），《昭和经济史（上、中）》（『昭和経済史（上、中）』），日经文库，1994 年（原著为 1976 年）。

25.B・阿玛布尔，《五种资本主义》（『五つの資本主義』），藤原书店，2005 年（原著亦如此）。

26. 下谷政弘，《持股公司的时代》（『持株会社の時代』），有斐阁，2006 年。

27. 由井常彦，《食品企业的成长与革新》（「食品企業における成長と革新」），由井常彦・桥本寿朗（编），《革新的经营史》（『革新の経営史』），有斐阁，1995 年。

28. 鲁思・本尼迪克特，《菊与刀》（『菊と刀』），社会思想社，1967 年（原著出版于 1946 年）。

29. 小池和男，《强大现场的诞生》（『強い現場の誕生』），日本经济新闻出版社，2013 年。

30. 篠原三代平，《战后 50 年的景气循环》（『戦後 50 年の景気循環』），日本经济新闻出版社，1994 年。

31. J・C・阿贝格伦，《新・日本的经营》（『新・日本の経営』），日本经济新闻出版社，2004 年。

32. 段义孚，《恋地情结——人与环境》（『トポフィリア—人間と環境』），瑟里卡书房，1992 年（原著为 1974 年）。

33. 大坪稔，《持股公司如何改变企业》（「持株会社は企業をどう変化させたのか」），下谷政弘、川本真哉（编），《日本的持股公司》（『日本の持株会社』），有斐阁，2020 年。

34. 藤本隆宏，《能力构建竞争》（『能力構築競争』），中公新书，2003 年。

35. J・C・阿贝格伦，《日本的经营》（『日本の経営』），钻石社，1958 年。

36. 野中郁次郎・竹内弘高，《知识创造企业》（『知識創造企業』），东洋经济新报社，1996 年。

37. 大野耐一，《丰田生产方式》（『トヨタ生産方式』），钻石社，1978 年。